ZENGİNLİKLERLE DANS

ACCESS CONSCIOUSNESS® ARAÇLARI İLE
DEĞİŞİM ENERJİSİNE AYAK UYDURMAK

ZENGİNLİKLERLE DANS

GÜÇLENDİRME KOÇU
DÜNYA ÇAPINDA
SERTİFİKALI KOLAYLAŞTIRICI

KASS THOMAS

ACCESS CONSCIOUSNESS
PUBLISHING

Orjinal Adı: Dancing with Riches

www.kassthomas.com

Zenginliklerle Dans

ISBN: 978-1-63493-628-6 (ciltsiz kitap)
ISBN: 978-1-63493-629-3 (dijital)
Access Consciousness Publishing
www.acpublishing.com

Kitabın yazarı ve yayıncısı herhangi bir fiziksel, zihinsel, duygusal, ruhsal veya finansal sonuç için herhangi bir iddiada veya garantide bulunmaz. Yazar tarafından sağlanan tüm ürünler, hizmetler ve bilgiler yalnızca genel eğitim ve eğlence amaçlıdır. Burada verilen bilgiler hiçbir şekilde tıbbi veya diğer profesyonel tavsiyelerin yerine geçmez. Bu kitapta yer alan bilgilerden herhangi birini kendiniz için kullanmanız durumunda, yazar ve yayıncı eylemleriniz için hiçbir sorumluluk kabul etmez.

Kapak tasarımı: Molly Shields
Kapak fotoğrafı: Martina Zaletel
İç düzen: Schiffer Publishing
Dizgi: Blanch/Montserrat
İç fotoğraf : Camilla Delle Rose

İngilizceden çeviren: Burcu Aybey

İÇİNDEKİLER

KİTAP HAKKINDA

"Bugün hayatıma, bana daha fazla kolaylık, daha fazla neşe ve daha coşkun bir yaşam ifadesi getirecek ne ekleyebilirim?" hayatım boyunca yaşadığım sorudur. Metafizik dünyası beni baştan beri büyülese de, ilk yıllarımda bu soruyla yaşadığımın farkında değildim. Çok sonraları, daha bilinçli yaşama arzum artmaya devam ederken, kendimi keşfetme ve güçlendirme yolculuğum beni, kurucusu Gary Douglas tarafından yapılan bazı Access Consciousness® kurslarına götürdü. Bu benim için yepyeni bir dünyanın kapılarını açtı. Bana her zaman doğru olduğunu bildiğim şeyi kabul etmemi sağlayan araçlar sağladı: sevgi, kahkaha ve bollukla dolu bir hayat hepimiz için mümkündür. Sadece onu seçmeliyiz.

Beni her zaman yoluma devam ettiren şey, hayatımın yeni ve daha büyük olasılıklara açılmaya devam etmesi konusundaki saf arzum ve talebimdi. Çevremdeki kimse görmese de inanmasa da; aramak, talep etmek ve hayatıma daha fazlasını davet etmekten asla vazgeçmedim. Access Consciousness ve Access araçlarını kullanan insanlar, bu arayışta yalnız olmadığımı ispatlıyor.

Bu kitap, benim hayatım ve onu nasıl yaşadığım ve onu daha da genişletmek için Access Consciousness araçlarını nasıl kullandığım hakkında. Negatifi nasıl pozitife dönüştürdüğüm ve kısıtlayıcı durumlarda bile nasıl bir kazanan olduğumla ilgili. Öngörülebilir ve istenmeyen geleceklerden kaçınmak için nasıl riskler aldığımla ilgili. Sürekli olarak nasıl evrimleştiğim, enerji akışını (sezgim, içgüdüm) takip ettiğim ve etrafımdaki sular durgunken bile hareket yarattığımla ilgili. Başkalarını sakat bıraktığını veya onları durdurduğunu gördüğüm birçok durumu başarıyla atlattım. Karakterimin gücü, kararlılığım, iradem ve bünyem için minnettarım. Ayrıca, çoğu insanın daha fazlası için çabalamaya devam etmek yerine, zaten sahip olduklarıyla yetinmeye başladığı, hayatımın tam şu anında Access ile karşılaştığım için minnettarım.

Umarım bu kitap sizi, kaç kez başarılı veya başarısız olduğunuzu düşünseniz bile, sizin için mümkün olan her şeyi görmeye davet eder. Hayalleriniz veya korkularınız ne olursa olsun. Hayatınızın ne kadar mükemmel veya felaket olduğunu düşündüğünüz önemli değil. İnanın bana, daha büyük bir şey her zaman mümkündür. Access'in mantrası "Hayatın tümü bana Kolaylık, Neşe ve İhtişamla gelir®" şeklindedir. Bundan daha fazlasını kim istemez ki? Bu kitap, içine bakmak isteyen herkes içindir. Anın içinde olun. Akışla birlikte gidin ve gerektiğinde bu akışı yeniden yönlendirin. Ve sihir ortaya çıktıkça hayret edin.

Bu kitaptaki araçlar belirli bölümlere ayrılmış olsa da (kolay okuma ve anlama için), bunlar birbirinin yerine kullanılabilir. Her durumda herhangi bir araç kullanılabilir. Bir kez o yola girdiğinizde, sezginizin ve enerjinizin liderliği ele almasına nasıl izin vereceğinizi bileceksiniz.

Doğru ya da yanlış yöntem ya da teknik yok. Ek olarak edinmeniz gereken hiçbir bilgi yok. Bu yolun güzelliği, hiç kimsenin ve hiçbir şeyin sizden daha hayati ve değerli olmamasıdır. Özellikle de geleceğinizi planlamak ve yaratmak söz konusu olduğunda. Siz hayatınızın, realitenizin yaratıcısısınız ve realitenizi yaratan sizin bakış açınızdır (BA). Bakış açınızı değiştirmeye istekli iseniz, arzu ettiğiniz hayatı yaratabilirsiniz.

Bu bir nasıl yapılır kitabıdır. Bu araçları günlük yaşamınıza nasıl dahil edeceğinizi ve düşünme şeklinizi nasıl değiştireceğinizi gösterir. Daha fazlasını yaratabilmeniz için zahmetsizce değişime uyum sağlamanıza yardımcı olur. Bu kitabı okuyarak ve bu sözel prosesleri kullanarak zamandan, emekten ve gönül yarasından çokça tasarruf edebilirsiniz. Sizin için işe yarayan ve hayal gücünüzün çok ötesine geçen bir gerçeklik yaratmakla ilgileniyor musunuz?

On yılı aşkın bir süredir çalıştaylar ve konferanslar yürüttükten, dünya çapında binlerce katılımcıyla tanıştıktan sonra, başka bir ince gerçekliğe tanık oldum - SİZ gezegende var olan en iyi versiyonunuzsunuz. Hiç kimse sizden daha iyi siz olamaz. Kendi enerjinizle bağlantı kurmaya istekli olduğunuzda, titreşiminize neyin katkı sağladığını ve neyin katkı olmadığını kolayca fark edebilirsiniz. Ancak o zaman hayatınızın zenginlikleriyle gerçekten dans etmeye başlayabilirsiniz.

Bundan daha iyi nasıl olur?

YAZAR HAKKINDA

KASS THOMAS

"Bir yolculukta iseniz ve gidişattan memnun değilseniz, belki de yolları değiştirmenin zamanı gelmiştir!"

Kass'ın hayatı bir maceradan başka bir şey değildir. On iki yaşında çalışmaya başladığından dolayı, yaptığı her şey için bir gurur, bağlılık ve tutku duygusuna sahiptir: New York'taki kariyerinin başlangıcında Broadway dışı tiyatro prodüksiyonlarını yönetmekten başlayıp; konaklama sektöründe beş yıldızlı otellerde çalışmak (Where Dergisi, New York baskısından yılın konsiyerji ödülünü kazandı); İtalya, da bir arkadaşıyla birlikte kendi film yapım şirketini kurmak; film ve televizyon endüstrisinde, uluslararası festivallerde, satış ve dağıtımda örgütlenmek ve çalışmak; sonunda bir güçlendirme ve yaşam koçu olarak gerçek çağrısını bulmak, dünyanın her yerindeki insanların potansiyellerini optimize etmelerine ve gerçekte kim olduklarının dehasını görmelerine yardımcı olmaya kadar yol almıştır.

Kass aynı zamanda uluslararası çok satan bir yazar, eğitmen ve Access Consciousness® sertifikalı kolaylaştırıcısıdır. İletişimdeki uzmanlığını ve Access Consciousness'ın birçok pragmatik aracını kullanarak çeşitli konularda özel seminerler, grup eğitimleri ve atölye çalışmaları yürütür.

Kass bugün bile yolları değiştirmeye devam ediyor ve her yeni deneyimle kim olduğunu ve yapmayı sevdiği şeyleri çoğaltıyor.

Boston, Massachusetts'te doğan Kass, alışılmadık bir aileden geliyor. Her iki ebeveyni de birlikte olmak ve Kass'ı büyütmek için önceki eşlerini terk etti. Aile ortamı, ona çok kültürlü ve küresel bir merak uyandıran çeşitli etnik kökenlerden ve geçmişlerden insanları içeriyordu. Gazetecilik ve kitle iletişimi alanında lisans derecesi aldı ve ardından her ikisi de New York Üniversitesi, nde olmak üzere tiyatro yönetimi alanında lisansüstü eğitimine devam etti. Sonunda, oradaki yerel halkla daha doğrudan iletişim kurabilmek için Fransa, İspanya ve İtalya gibi çeşitli yerlere gitti ve bu dillerde ustalaştı. Seyahat sevgisi, çeşitlilik ve farklı kültürleri içerme aşkı bugün hala hüküm sürüyor.

Sertifikalı bir Access kolaylaştırıcısı olmasının yanı sıra, dünyadaki birkaç Access üç günlük beden sınıfı kolaylaştırıcısından biridir. Access Consciousness ile yolculuğu 2003'te başladı. 2006'da sertifikalı kolaylaştırıcılık lisansını aldı ve 2007'de kurucu Gary Douglas ve yaratıcısı Dr. Dain Heer'i İlk Avrupa eğitimlerini İtalya, da yapmaya davet etti. Uzun yıllar Access dilinin ve çeviri programlarının geliştirilmesinde etkili oldu ve bunun dörtten 176 ülkeye ve otuzdan fazla dile yayılmasına yardımcı oldu.

Atölyeleri Avustralya, Avusturya, Bahreyn, Brezilya, Kanada, Çin, Hırvatistan, Çek Cumhuriyeti, Estonya, Fransa, Almanya, Hollanda, Macaristan, Hindistan, Endonezya, İsrail, İtalya, Japonya, Kuveyt dahil olmak üzere Fas, Hollanda, Yeni Zelanda, Polonya, Rusya, Suudi Arabistan, Slovenya, Güney Afrika, İspanya, İsviçre, Türkiye, BAE, Birleşik Krallık, Amerika Birleşik Devletleri ve daha fazlasıyla çeşitli insanlara ve yerlere ulaşıyor.

Yolculuğu sırasında 1.000'den fazla atölye çalışması yaptı, Ray Charles, Madonna, Denzel Washington, Whoopi Goldberg, Michelle Pfeiffer, Miles Davis, Morgan Freeman ve baska 10.000'den fazla kişiye yardım etti.

Pek çok macerasının bir sonucu olarak, Arapça, Çince, Çekçe, Japonca, Lehçe, Portekizce, İspanyolca, Türkçe ve diğerleri de dahil olmak üzere on beşten fazla dilde mevcut olan Kusursuz İletişim için 7adım isimli en çok satan kitabını yazdı. İkinci kitabı Dancing with Riches, ilk olarak 2019 baharında Fransızca olarak yayınlandı ve birçok dilde yayınlanmaya devam ediyor.

Kass, dünyayı dolaşmadığı, derslere, atölyelere yardımcı olmadığı veya arkadaşları ve ailesiyle bağlantı kurmadığı zamanlarda, kocası Marco Corbelli ve labradorları Dante ile birlikte İtalya›da tenis ve iyi yemekler dahil pek çok ortak ilgi alanlarından bazılarının tadını çıkarıyor. Aslında, sosyal medyada kocasının, arkadaşları ve ailesi için kendi evlerinde hazırladığı harika uluslararası yemeklerin fotoğraflarını sık sık bulabilirsiniz. Roma'daki 1920'lerden kalma villalarında yer alan butik oda & kahvaltı pansiyon www.VillinoCorbelli.it neredeyse yirmi yıldır en iyi değerlendirmeleri almaktadır.

Access Consciousness Publishing'in farklı dillerde yeni kitaplar piyasaya sürmesine yardım etmenin yanı sıra Kass, farklı dillerde kitaplarını oluşturmaya ve Simba (başka bir anneden erkek kardeşi, hahaha) ile şarkılar yaratmaya devam ediyor, "KasSimba"nın Dancing with Riches şarkısını ve videosunu YouTube[1],Spotify, iTunes ve daha fazla mecralarda bulabilirsiniz.

Birilerinin, sadece bunu yapmayı seçerek, kendi bedeni ve mali durumu ile yaşamlarında ne kadar hızlı ve kolay bir şekilde daha fazlasını yaratmaya başladığını görmek beni neşelendiriyor.

---

1 Dancing with Riches şarkısının Youtube linki: https://youtu.be/q4nclftpjCA

SIK KULLANDIĞI İLHAM VERİCİ SORULARINDAN BAZILARI

Sizi neşeyle dolduran şey nedir?

Sizin eşsiz kişisel sihir markanız nedir?

Size çok kolay gelen hangi hediye ve yetenekleriniz var ki, onları değerli bile görmüyorsunuz?

Bugün hayatıma hemen daha fazla neşe ve para yaratacak ne ekleyebilirim?

Kass'ın nerede olduğu ve bugün ne yaptığı hakkında daha fazla bilgiyi aşağıda bulabilirsiniz.

Kass'i sosyal medyada bulun:

KASS THOMAS WEB SİTESİ:
www.kassthomas.com

ACCESS CONSCIOUSNESS WEB SİTESİ:
www.accessconsciousness.com/kassthomas

DANCING WITH RICHES WEB SİTESİ:
www.dancingwithriches.com

7STEPS WEB SİTESİ: www.7steps.us

3 STEPS: www.3STEPS.us

FACEBOOK: The Art of Being Kass Thomas

INSTAGRAM: Kass Thomas Coaching

7steps to Flawless Communication

LINKEDIN: Kass Thomas

YOUTUBE: Being Kass Thomas

TEŞEKKÜRLER

Hayatın bana sunduğu her şey için ve Evrenin her zaman arkamı kolladığı için sonsuza dek minnettarım. Hayatımda çok "ilginç" durumlar yaşadım. Sular ne kadar sert olursa olsun, yılmadım ve ilerlemeye devam ettim çünkü Evren bana her zaman rehberlik etti. Beni sürekli olarak gerçek doğamı keşfetmeye ve daha fazlasını yaratmaya davet etti. Ve henüz işim bitmedi.

Access Consciousness'ın kurucusu Gary Douglas'a ve onun ortak yaratıcısı Dr. Dain Heer'e yaptıkları olağanüstü işler ve oldukları muhteşem varlıklar için teşekkür etmek istiyorum. Değişimin katalizörü olmak kolay değil ve kesinlikle milyonlarca insanın hayatında çok daha fazlasını yaratmaya devam eden bir seçim. Hayatıma oldukları katkıya ve özverileri için çok minnettarım.

Benimle etkileşime giren ve Access Consciousness ve *Kusursuz iletişim için 7adım* araçlarını kullanan herkese minnettarım.

Beni ve inandığım her şeyi son derece destekleyen olağanüstü bir ailem ve arkadaş grubum var. Öncelikle, bu aileye gelmeyi seçtiğim için mutluyum. Annem ve babam Jean ve Cliff, beni her zaman koşulsuz sevdiler, tıpkı vaftiz babalarım Jimmy Jones ve Tommy gibi; kayınpederim Luciano; kardeşim Gregg; ve eski patronum Carlo Bixio. Onlar yaşamın da ötesine doğru devam etmiş olsalar bile, hala beni izliyorlar. Teşekkürler.

Son nefeslerine kadar insanlarımızı önemseyen parlak bir sanatçı olan kız kardeşim Jett'e (Kim olarak doğdu), kardeşim Cliff'e ve "küçük poopsie" olarak beni çok seven vaftiz annem Mummy Gail'e teşekkür ederim.

Kocam Marco Corbelli'ye teşekkür ederim. Bu kadar besleyici ve destekleyici bir ilişki içinde olmayı seçmiş olmak benim için mutlak bir mutluluktur ve bu bana gerçekte olduğum kişi olma alanı sağlamıştır. Annesi ve ailesi de her zaman bana büyük destek oldu ve bunun için: "Grazie mille, davvero!"

Uzun zamandır arkadaşlarım olan Andrea, Leslie, Ari, Karen, Wicki, Annabelle, Carmen, Nilda, Isabel, Hamida, Delphine ve daha birçokları için sonsuz minnettarım. Onların koşulsuz sevgisi ve desteği, hayatımın en yoğun dönemlerinden bazılarında yelken açmama yardımcı oldu. Adınızı söylemeyi unuttuysam, lütfen bana hatırlatın, bir sonraki kitabımda mutlaka sizden bahsedeceğim.

Hayatıma bu kadar büyük katkıları olan Boston, New York, Paris, Roma ve ziyaret ettiğim ve ziyaret edeceğim diğer tüm şehirlere teşekkür ederim. Toprağı, dilleri, kültürleri, insanları ve katlanarak büyümeme yardımcı olan deneyimleri seviyorum.

Ritu Ferrao, Ilham Ouzzani, Cathy Maillard, Todd Schuster, Pete Schiffer, Peggy Kellar, Christine McCarthy, Grace Douglas, Trédaniel Publishing, Schiffer Publishing'deki REDFeather Ekibi, Access Consciousness Publishing'e, kapılarını açtıkları ve bu kitabı dünya çapında farklı dillerde gerçeğe dönüştürmenin maddi ve manevi yollarını açtıkları için teşekkür ederim.

Bu yolculuk hayata yaklaşımımı ve kişiliğimi şekillendiren olaylarla dolu. Geçmişe gitmek, bu farkındalıkları yeniden yaşamak ve onları bu kitapta kaleme almak. . . ne kadar aydınlatıcı bir süreç oldu! Ritu Ferrao'ya bu kitabı hayata geçirmeme yardım etmedeki sabrı için minnettarım. O olmadan yapamazdım. Mükemmelliğe olan bağlılığı beni daha fazla yazmaya teşvik etti. Saatlerce süren sohbetler, yeniden okumalar ve yeniden yazmalar sonrasında, en çok katkıda bulunan örnekleri ayıklayarak, bu kitabı akıcı bir anlatıya dönüştürmek ikimiz için de oldukça zenginleştirici bir deneyim oldu.

Son olarak, Kendime teşekkür etmek istiyorum. Ben, Kendim ve ben ve Bedenim - yaşam boyu yoldaşım. "Uzun bir yoldan geldik bebeğim." Bu beden bana sadık ve benden asla vazgeçmeden çok şey yapmama izin verdi. Onun sayesinde, hayatta hayal edebileceğim herşeyin çok daha fazlasını başarmak için inanılmaz bir dayanıklılığa ve sonsuz enerjiye sahip oldum. Bütün bunlar ve daha fazlası için son derece minnettarım. Şimdi bir sonraki maceralara başlarken, sürekli olarak ortaya çıkan bir soru var: Şimdi başka neler mümkün?

ACCESS CONSCIOUSNESS NEDİR?

Ancak bilincimizi sorunun ötesine genişleterek bir durumu bir olasılığa dönüştürebilir ve farklı bir sonuç yaratabilir miyiz?

Access Consciousness, bildiğimizi bilmemizi sağlayan bir dizi yaşam dönüştürücü araçtır. Bu, bizi sınırlayan yargıları elemek ve sonsuz olasılıklar alanından bir yaşam yaratmak için bir netlik düzeyine erişmemizi sağlar.

1995 yılında Gary Douglas tarafından kurulan ve 2000 yılında Dr. Dain Heer tarafından ortaklaşa oluşturulan Access Consciousness, bugün 170'den fazla ülkede yaygındır. Bu dünya çapındaki fenomen, hayatımı birçok seviyede, hayal edebileceğim her şeyden daha fazla ve kökünden değiştirdi..

Kelimelerle ilişkili sınırlamaları ortadan kaldıran diğer birçok yöntemin aksine, Access Consciousness onların etrafındaki enerjiyi temizler, Zaman ve Alan üzerindeki yoğun etkilerini siler. Bundan daha iyi nasıl olur?

Bunun dışında güzelliği, sadeliğinde ve değişimin meydana gelme hızında yatmaktadır. Her kesimden her birey, tıpkı benim yaptığım gibi, sadece bakış açılarını değiştirerek ve bu kolay ve basit araçları günlük yaşamında kullanarak mevcut gerçekliğini değiştirebilirler.

Hiçbir sorun, onu yaratan aynı bilinç seviyesinde çözülemez.

– Albert Einstein (ünlü fizikçi)

TEMİZLEME CÜMLESİ

Kitap boyunca bu ifadeyi kullandığım için, ifadenin ne anlama geldiğini ayrıntılı olarak açıklamak önemlidir. Yaşamlarımızda mucizevi sonuçlar göstermesi için Temizleme Cümlesini anlamamız gerekmez. Aslında, düşünen zihnimizin etrafından dolaşmak ve beynimizdeki tüm cevaplarımızın ve doğrularımızın kolayca ulaşabildiği o kısmına ulaşmak içindir. Ancak mantık ve somutluk ihtiyacımız nadiren gözümüzden kaçar, işte ben bu susuzluğu gidereceğim.

Access Consciousness'ın en derin ve güçlü araçlarından biri, Temizleme Cümlesidir: Right and wrong, good and bad, POD and POC, all 9, shorts, boys, POVADs and beyonds. Bakış açımızı ve dolayısıyla yaşamımızı engelleyen veya sınırlayan tozları temizleyen enerjik bir el süpürgesi diyelim.

Belirli bir durum hakkında soru sorduğumuzda, durumu net bir şekilde görmemize izin vermeyen, etrafımızdaki tüm enerjileri - tüm yargıları, tanımları, düşünceleri, hisleri ve duyguları - ortaya çıkarır. Sorunu kendi içinden çözmeye çalışmak gibidir. Bununla ilgili bir soru sorduğumuzda ve ortaya çıkan bu enerjilere Temizleme Cümlesini uyguladığımızda, durum ya da sorunla aramızda daha fazla alan oluşuyor. Bu alan farklı olasılıkları görmemizi sağlar. Ardından, yeni ve taze bilgilere dayanarak bir seçim yapabiliriz.

Aslında, Temizleme Cümlesinin gerçekte yaptığı şey, yoğunluğu ve sisi dağıtmaktır. Bize daha fazla netlik verir ve tepkiler ve dirençlerle yaşamak yerine bir dizi seçim yoluyla hayatımızı yaratmak için yardımcı olmaktadır.

Mucizeler yaratır.

Kişisel not: Lütfen şunu bilin ki, sizin için gerçek olanı yıkamazsınız ve yaratımını iptal edemezsiniz. Temizlenip giden şey, sizi kendiniz olmaktan sınırlayan her şeydir ve bunların tamamıdır. Bu nedenle, herhangi bir soruya Temizleme Cümlesi'ni ekleyin ve sıkışmış enerjileri anında salıp göndereceksiniz.

İşte **böyle** çalışıyor: Bir durum veya ikilem hakkında bir soru soruyoruz ve sonra ortaya çıkan tüm enerjileri yok etmeyi ve yaratımını iptal etmeyi istiyoruz şu cümleyle: Var olan her şey (bilinen ve bilinmeyen tüm enerjiler), şimdi hepsini yıkıp yaratımını iptal edelim mi, lütfen? Godzilyon kez kez, Right and wrong, good and bad, POD and POC, all 9, shorts, boys, POVADs and beyonds.

Yıkıp yaratımını iptal etmek: Yaratımını iptal etmek, uydurulmuş bir terimdir. Temel olarak, yaratıcı enerjimizi bizim için işe yaramayan bir şeyle beslemeyi bırakalım demektir.

Godzilyon kez: Bu hesaplanamaz bir sayıdır. O kadar büyük ki, ne kadar büyük olduğunu sadece Tanrı biliyor. Bu yüzden, Temizleme Cümlesinin etkilerini talep ediyoruz, hesaplarımızın ötesine geçmek için.

Right and Wrong, Good and Bad: Bunlar tüm yargılarımızı temsil eder.

POC: Yaratım noktası (ilk etapta sınırlamanın başladığı yer)

POD: Yıkım noktası (sınırlamanın, Zaman ve Alandan bağımsız olarak farklı bir şey seçme olasılığımızı yok etmeye başladığı yer)

POD and POC bizi kısıtlamak üzere sanki üzerimizde camdan bir tavan varmış gibi, sınırlı imkanları devam ettiren bu döngüyü kırmanın bir yoludur.

All 9: 9 sayısı, Temizleme Cümlesiyle temizlediğimiz dokuz tane katmanı temsil eder.

Shorts: Bununla ilgili anlamlı ve anlamsız olan şey nedir; bunun için cezalar ve ödüller nelerdir?

Boys: Bunlar, uzun süre bir şey üzerinde çok çalıştığımız ancak istenen etkiyi alamadığımız alanlardır. Bazen soruna neden olan birden fazla kaynak olabilir. Boys, belirtilen durumun tüm kökenleriyle ilgilenir.

POVADs: Bunu var eden, kaçındığınız ve savunduğunuz bakış açılarınızdır.

Beyonds: Bu da, "yaratımını iptal etmek" gibi, uydurulmuş bir kelimedir. "Yıldızların ötesinde" anlamına gelmez. Kısıtlamaya neden olan bedenimize aldığımız hisler veya duyulardır. Bizi öldüresiye sıkıştırıp gittiğimiz yoldan alıkoyarlar.

Tüm Temizleme Cümlesi'ni hatırlamak zorunda değilsiniz. Basitçe "POC & POD bunların tamamı" diyebilirsiniz ve yine de işe yarayacaktır. Aslında, Access'in güzelliği budur. Mantığa dayalı değildir; enerjiyle ilgilidir. Artık

Temizleme Cümlesi'nin ne hakkında olduğunu bildiğinize göre, artık onun enerjisini elde ettiğinize göre, sadece "POC & POD bunların tamamı" diyebilirsiniz ve işe yarayacaktır. Bundan daha iyi nasıl olur?

Daha fazla bilgi için www.theclearingstatement.com adresini ziyaret edebilirsiniz.

BÖLÜM 1:

GERÇEK SENİN KODUNU ÇÖZMEK: BİR'DEN BİRLİĞE

Doğanın genişliğiyle en son bağlantı kurduğum zamandan bu yana çok uzun zaman olmuştu. Birkaç gündür kendimi biraz daralmış hissediyordum, bu yüzden dışarı çıkmak ve Toprak Ana ile iletişim kurmak, gezegenin güçlü sadeliğine ulaşmak istedim. Bir arkadaşımın geç olmadan solgun görünen bahçeme ilgi göstermemi önerdiğini hatırladım. Yokluğumda bitkiler biraz cansız görünüyordu. Benim enerjime ihtiyaçları vardı. Bunun Toprak Ana ile yeniden bağlantı kurmak ve aynı zamanda bahçemi canlandırmaya yardımcı olmak için mükemmel bir egzersiz olacağını düşündüm.

Uyandığımda, iş tarafından tüketilmeden önce - yazılı mesajları okumak, e-postaları yanıtlamak ve benzerleri - dışarı çıkıp cennetteki küçük noktamın tadını çıkarmaya karar verdim. Benim bahçem. Aman tanrım! "Cennet" nasıl bu kadar üzgün görünebilir? Endişelenme; Küçük yeşil toprak parçamla konuşacak ve enerjiyi pompayla yükselteceğim. Bitki örtüsüne biraz canlılık katabilecek olduğumu biliyordum. Sonuçta bu benim uzmanlık alanımdır. Herkesi ve her şeyi canlandırmakta iyiydim. Bu benim işim. Statükonun değişeceğinden emindim. Böylece doğayla birlik olma egzersizim başladı.

"Merhaba çiçek nasılsın?" Cevap yok. Bir şey hissetmedim. Biraz bekledim ve tekrar "Nasıl gidiyor?" diye sordum. Biraz daha bekledim.

Hala hiçbir şey. Cevap yok. Normalde arka arkaya üç kez bir şeye seslenirseniz, bağlanmanıza izin verir. Kendimi tekrar ettim. Hayır, hiçbir şey. Çıplak ayaklarımı yere, elimi de en sevdiğim ağacın gövdesine koyarak bahçenin biraz daha derinlerine indim. "Hey ağaç, uzun zamandır görüşmüyoruz. Nasılsın? Biraz enerjime ihtiyacın var mı? Seninle bağlantı kurmaya çalışıyorum." Ne yazık ki, sihrim işe yaramıyordu? Bu uygulamayı geçmişte yapmıştım. Her zaman mutlu bir deneyim olmuştu, ama bugün hiçbir şey olmuyordu. Neler oluyordu? Yanlış olan neydi?

Doğayla etkileşime girme mücadelem devam ederken birkaç adım daha atıp çitime ulaştım. Diğer tarafta iki muhteşem köpek duruyordu. On yıldan uzun süredir buralardaydılar. Flora işe yaramazsa, belki fauna yapardı. Heyecanlıydım. Eh, işe yaradı. Beni baştan aşağı süzdüler ve sanki anında benimle etkileşme geçip şöyle der gibiydiler "Gerçekten mi? Gerçekten mi? Tatlım, burada iletişime ve katkıya ihtiyacı olan sensin, alıp kabul etmeye gönüllü müsün?"

Vay! Bütün dünyam bir anda eridi. Vücudum gevşedi ve doğaya vermeye çalıştığım huzur, köpeklerden gelen basit bir bakışla bana verildi. Bende olmayan bir şeyi vermeye çalışıyordum. Gerçekten yapmam gereken şey rahatlamak ve alıp kabul etmekti. Bu keşif bana bir şimşek gibi çarptı, aydınlatıcı, keskin ve güçlü. Rahatlamak ve doğadan alıp kabul etmeye izin vermek yerine, kendimi rahatlatmak için "yapmaya" başlamıştım (doğayla bağlantı kurma alıştırması).

YAPMAK KARŞISINDA OLMAK

Bilinçli ya da başka türlü, genellikle belirli bir ortamda nasıl davranmamız gerektiğine dair belirli bakış açılarına sahibiz. Örneğin, erkenden doğaya çıktığımda, kendimi onunla bir olmaya ikna ederdim. Sahilde kendimi, cep telefonumdan mesajları okurken veya e-postalara cevap verirken bulursam, üzülür ve kendimi rahatlamaya zorlardım. Hiçbir şey yapmamanın tatlılığının tadını çıkarabilecekken neden telefondaydım? İtalyanca'da "Il dolce far niente" dedikleri gibi. "Rahatla" derdim kendi kendime. "Denizin enerjisini al" her şey nasıl görünmesi gerektiğiyle ilgiliydi. Ancak bu daha büyük bir şeyin kurulmasına nadiren katkıda bulunur. Yaratıcı ve üretken değillerdir. "Yapmalı"lar sadece yanlarında getirdikleri kendinizi-yargılamak çığıyla sizi boğarlar.

Yapmak zihnin faaliyetidir, *Olmak* ise kim olduğumuzun doğal bir uzantısıdır. Bağlantıda imiş gibi, anda varmış gibi davranabiliriz, ama gerçekten mevcut olduğumuzda, zihnimiz ve bedenimiz birlik içindedir.

Evrenle bir hissederiz. Varlığımızın özüyle gerçekten bağlı olduğumuz yer burasıdır. Çoğu zaman bu mevcudiyet hali, olmasını beklediğimizden tamamen farklı bir deneyimdir..

Evrenle gerçekten bağlantılı olmanın bu canlandırıcı fenomeninin ara sıra ortaya çıkması, kimi zaman moral bozucu olabilir, ancak bunun sıklığı düzenli uygulama ve kararlılıkla artırılabilir. Çoğu zaman, insanlar bağlantıda olmadıklarını bile bilmiyorlar çünkü hiç olmadılar. Bu birlikteliğin coşkusunu yaşadıklarında her şey değişir.

Bu birlikteliği daha önce hissetmiş olsanız da olmasanız da okumaya devam edin çünkü neden bahsettiğimi anlayacaksınız. Daha önce, bu olasılığın farkında değilseniz, bu sadece olduğunuz gibi olduğunuz için moraliniz bozulmuyordu. Önceden siz bu olasılığın farkında değildiniz. Bu sadece sizin olduğunuz halinizdi. Bu olasılığın var olduğunu öğrendikten sonra, ya bunun ne kadar nadiren ortaya çıktığı konusunda motivasyonunuzu kaybetmek seçiminizi kullanabilirsiniz ya da buna erişiminiz olduğunu bilmek sizi heyecanlandırabilir. Ben elimde bir olasılık olduğu gerçeğinden ilham almayı tercih ederim. Ya siz?

Bedeninizde gerginlik hissediyorsanız veya var olma biçiminiz konusunda inatçı iseniz, büyük ihtimalle bazı şeyler için "olması gerekenler"e giriyorsunuzdur—"Ne yapmalıyım?" "Kendimi nasıl taşımalıyım?" "Nereye gitmeliyim?" "Oraya nasıl varabilirim?" Siz KENDİNİZ ile gerçek bir bağlantı kurduğunuz an, bir alan açılır. Herhangi bir zihin gevezeliği olmadan hayatı yaşama olasılığını tanırsınız. Koyduğunuz katılığın ve engellerin aslında sadece davranış tarzınız olduğunun farkına vardınız. Şimdi başka bir şeyin var olduğunu biliyorsunuz.

İlerlemek için tek yapmanız gereken, bu birlik anlarının ortaya çıktığı zamanları tanımak ve kabul etmektir. Bunların aslında kendi kendini yargılamanın nesneleri değil, eski varoluş biçiminizden ayrılma noktaları olduğunu anlayın.

Her nerede bir olasılık görüyorsanız -ancak onu seçmediğiniz gerçeğiyle motivasyonunuz kırılıyorsa- olasılığı kabul etmenin ne kadar büyük bir hediye olduğunu anlar mısınız? Bu hediyenin farkına vararak, zaten heves kırıcı bir tutum yerine aktif bir yaklaşımı seçiyorsunuz. Büyümenize katkıda bulunmaya izin vermeyen tüm kendini küçümseyen yargıları, Godzilyon kez, şimdi *hepsini yıkıp yaratımını iptal eder misiniz, lütfen?* **Right and wrong, good and bad, POD and POC, all 9, shorts, boys, POVADs and beyonds.**

Böyle anlarda, genellikle kullanabileceğiniz üç kapınız vardır:

Kapı 1: *Motivasyonu kıran seçenek* – yapabileceğiniz her şeyi yapmadığınız her seferinde incelemek için kapıyı (veya Pandora'nın kutusunu) açarsınız ve hayatınızda bu tür şeylerin kaç kez gerçekleştiğine konsantre olursunuz. Sizi olumsuzluğun aşağıya doğru giden kısır sarmalına götürür ve ileriye değil geriye bakmaya yönlendirir.

Kapı 2: *Hiçbir* şey *olmamış gibi davranırsınız* – her zamanki gibi farkında olmamaya giden kapıyı açarsınız; tekrarı olamaz çünkü aslında hiçbir şey olmadı - sadece bir an oldu. Varlığınızla iletişim anını/anlarını hissedersiniz, ancak (sezginizi dinlemek yerine) zihninizin diktesine inanarak hayatınızı sürdürmeye devam edersiniz. Her zaman olduğu gibi, genel büyümenize gerçekten katkıda bulunan bir yol seçmek yerine Egonuzu beslemeye devam edersiniz.

Kapı 3: *Olup biten* şeyi *kabul edin ve onaylayın* – **Kapı 3**'ü açtığınızda başka nelerin mümkün olduğunu görürsünüz; burada başka neleri keşfedebilirsiniz? Bir kapının ötesinde bir milyon başka kapının olduğunu keşfedersiniz. Tünel yok, tuğla duvar yok, farkında olmamak yok - sadece sonsuz olasılıklar, seçenekler ve katkılar. "Vay! Bundan daha fazlasına sahip olmak için ne gerekir? Bu seçeneğe sahip olmam ne kadar havalı?!" Bu sizi sonsuz olasılıklar alanına götürür - aralarından seçim yapabileceğiniz farklı seçenekler.

Bu varoluş biçimini özümserken acele etmedim. Elbette, kendimi **Kapı 1**'e girerken bulduğum anlar oldu, ancak düzenli uygulama ile daha az yargılayıcı olmaya başladım. Her zaman yaptığımız yeni şeylerle ilgili bir öğrenme eğrisi vardır. Başlangıçta bir mücadele olabilir, ancak zamanla ve pratikle daha kolay hale gelir. Kendinden şüphe duymanın yerini genişleme ve güven alır. Örneğin, bisiklete binmeyi öğrenirken, başlangıçtaki istikrarsızlıktan korkar ve bunun üstesinden gelme olasılığı konusunda heyecanlanırız. Sallanırız. Düşeriz. Pratik yaptıkça daha fazla güven kazanılır ve nasıl olsa bir gün sadece bisiklete atlayıp yolculuğun tadını çıkarırız.

GERÇEK SENİN KODUNU ÇÖZMEK

Öz varlığımızla bütünleşmek için önce gerçekte kim olduğumuzu bilmeliyiz, değil mi? Çoğu zaman, gerçek doğamızla uyumlu olmayan biri haline geliriz veya bir şey yaparız. Bu genellikle bir kişi veya duruma uyum sağlamaya veya barışmaya çalışırken ortaya çıkar.

Örneğin, hem annem hem de babam ilk tanıştıklarında ikisinin de ayrı ayrı ilişkileri vardı. Onlarınki ilk görüşte aşktı. Bir şeyler yerli yerine oturdu ve bunu inkar edemediler. Tanrı biliyor, denediler. Aslında, tanıştıklarından on yıl sonrasına kadar resmi olarak bir araya gelemediler. Ailesi, annemi yakışıklı, çok sevilen bir adamla evlendirmişti. İlk evliliğinden iki yaşında bir kızı (üvey kız kardeşim) vardı. "Mükemmel çift" gibi görünüyorlardı. Yine de babamla tanıştığında, ilk kocası Louis Thomas'la yollarını ayırmaya karar verdi çünkü bu coşku çılgınlığını daha önce hiç yaşamamıştı.

Kaç kez kalbinizin hayatınızı yönlendirmesine izin verdiniz? Kendiniz için bir seçim yapmak, mutlaka diğer insanlara karşı seçim yapmak anlamına gelmez. Kendiniz için bir seçim mi yapıyorsunuz yoksa toplumun ve ailenizin koyduğu normlara her zaman uydunuz ve gerçek sizi öldürdünüz *mü? Birisini kızdırmamak için ve sadece uyum sağlayabilmek için olmadığınız biri olmayı her ne zaman seçtiyseniz..., godzilyon kez,* şimdi *hepsini yıkıp yaratımını iptal eder misiniz, lütfen?* **Right and wrong, good and bad, POD and POC, all 9, shorts, boys, POVADs and beyonds.**

Babam ise tüm hayatı boyunca bir Kazanova olmuştu. Annemle tanıştığında artık ilk karısıyla evli değildi, ama bir kadınla yaşıyordu. Bununla birlikte birkaç kaçamak da yaptı. Çok genç yaşta (ilk eşinden) iki erkek çocuk babası olan babam, ilk eşi uyuşturucu kullanmaya ve başka erkeklerle çıkmaya başlayınca onu ve oğullarını geride bıraktı. Sonunda, ilk karısı aşırı dozda uyuşturucudan öldü. Yıllar sonra, oğulları gençlik çağındayken, babamın hayatında yeniden ortaya çıktılar. İki üvey kardeşimle ilk tanıştığımda on üç yaşındaydım.

Hayatımda annemden babamdan boşanmalarını isteyeceğim anlar oldu. Babam kaba ve hatta nezaketsiz biriydi. Sosyal çevrelerinde tam bir uyumsuzluk vardı, annem ve babam neredeyse hiç sosyal etkinliklere davet edilmezdi. Annemin babamı gerçekten ne kadar sevdiğini anlamam uzun yıllarımı aldı. Yine de bazen merak ediyorum - ailedeki herkese karşı çıkma ve birlikte yaşaması çok zor bir adamla evlenme kararından hiç pişmanlık duymamış mıydı? Gerçekte annem kimdi?

Bazen normlara aykırı bir seçim yapmak için isyankar olmanız gerektiğini hissedersiniz ve ardından tüm sonuçları veya eylemleri savunmaya devam edersiniz. Hiç böyle bir ikilem içinde kaldınız mı? Benlik saygınız ve kimliğiniz pahasına hiç bir tavır alıp kararınıza göre yaşadınız mı? Sonradan bunun için hiç pişman oldunuz mu?

BAKIŞ AÇIMIZ = REALİTEMİZ

Ailem nihayet geçmişlerini çözüp evlenmeye karar verdiğinde ben zaten altı yaşındaydım. Annem hala yasal olarak ilk kocası, kız kardeşimin babası olan "Tommy" ile evli olduğundan, ben doğduğumda onun soyadını almıştım: Thomas. Annemle babam resmi olarak bir çift olduktan sonra, dördümüz (Annem, Babam, kız kardeşim ve ben) bir aile olarak birlikte yaşamaya başladık.

– Yeni aile olarak – bizler için birlikte mutlu bir şekilde yaşamak her zaman kolay değildi. Babam ve ablam aynı evde yaşasalar da yıllarca birbirleriyle konuşmadılar. Yine de, hiçbir zaman annem, babam ve ben birlik olup, kız kardeşimi diğer kişi diye hiç dışlamadık. Asla dışlanmış hissetmemesini sağlamak için her zaman çok çalıştım. Ben her zaman barış yapmaya çalıştım, arabulucu rolü oynadım – ayırımın, yargılamanın ve dışlamanın olmadığı bir enerji olmak için çok uğraştım.

Birbirlerini hayatlarından çıkarsalar da, buna izin vermemek için elimden geleni yaptım. Bu dengeleme eylemi, babamın öldüğü, duyularını ve aklını yitirdiği ana kadar devam etti. Kız kardeşimle ayrılığı sürdürmeye, hatta onu vasiyetinden çıkarmaya bile hevesliydi, ama ben bu seçenekle rahat değildim. Yine, ebedi barışçıl rolüm ön plandaydı ve ayrılık yalanını sürdürmektense onun vasiyetnamesiz ölmesini tercih ettim. Bu rol, ölümünden sonra bana sayısız bürokratik ve ekonomik komplikasyona mal oldu.

Siz hiç bir başkasının savaşı için sizin savaşınız olacak kadar çok savaştınız mı? Yine de, ödenmesi zor olsa bile, bunun için bir bedel ödemeye gönüllü oldunuz mu?

OYUNDAKİ ROL GERÇEĞE DÖNÜŞTÜĞÜ ZAMAN

Ailem bir yarı üvey kız kardeş ve iki üvey erkek kardeşten oluşmasına rağmen hiç ayrılık görmedim. Daha sonra fark ettiğim tek şey, onların yaşamlarında eksiklik olarak algıladığım şeyi benim fazlasıyla telafi etmiş olmamdı. Sevgi dolu bir babaya veya anneye sahip olmamanın bir dezavantaj olduğuna inanıyordum. Daha birleştirici olmanın benim görevim ve sorumluluğum olduğunu varsaydım. Ayrıca hiçbir şeyden şikayet etmeye hakkım olmadığını hissettim. Sonuçta iki ebeveynim de vardı. Asla yararlanmadığım varsayılan bir ayrıcalık olan mükemmel bir hayatım vardı. Sadece onun benden faydalanmasına izin verdim.

"Ya bu rolü hiç üstlenmek zorunda kalmasaydım? Ya başkalarının seçimlerinden sorumlu hissetmeseydim? Hayatım nasıl olurdu?" bazen bu olasılıklar üzerinde düşünüyorum.

Sürekli olarak kimsenin gücenmemesini veya incinmemesini sağlamaya yönelik tüm bu diplomasi, kendimi asla kimse tarafından sevilmemiş olmadığım bir durumun labirentine götürdü. Bunların hepsi bir kimlik krizi yaşamak pahasına oldu. Bazı kişiler beni o kadar iyi karşılamadığında, bu beni rahatsız ederdi.

Onlarca yıl sonra, benden hoşlanan veya hoşlanmayan insanların tamamen kendi seçimleri olduğu aklıma geldi. Bu mutlaka bir şey yaptığım veya yapmadığım anlamına gelmiyordu. Bu büyük keşif, o zamanlar benim için radikal bir kavram olan ve bendeki köklü dönüşüm için bir katalizör olan Access Consciousness sayesinde oldu.

Kendi tenimde ne kadar rahat olmaya istekli olursam, hayatımda o kadar kolay olacağını anladım. Başkalarının benim hakkımda ne düşündüğünü deşifre etmeye çalışmanın sürekli zihin gevezeliği arka planda kalmıştı. Artık insanları mutlu etmeye veya insanların benim hakkımda sahip olmasını istediğim bir imajı sürdürmeye çalışmanın baskısı altında ezilmiyordum. Beni yavaşlatmasına asla izin vermemiştim, ama bu sürekli düşünme, değerlendirme, hesaplama, kalibre etme ve yeniden ayarlama hali çok yorucu olmuştu. Tüm bu deneyimleri yaşamayı bırakana kadar ne kadar yorucu olduğunu fark etmemiştim. Yeni yaşam biçimini kabul ettiğimde bu harikalar yarattı. Kapsayıcı olmak için çok çaba sarf etmenin aksine, gerçekte olduğum kişi olmanın kolaylığı ve rahatlığı, özgürleştirici bir yaşam biçimiydi. Komiktir ki, şimdi bu bana doğal geliyor. Kolaylıkla.

Sizin için gerçekten en iyi olanı kaç kez seçtiniz? Bu, diğer insanlara karşı seçim yapmanız gerektiği anlamına gelmez. Sadece kendinize karşı dürüst olduğunuzu gösterir. Seçiminiz başkaları için zor olsa bile, kendi varlığınıza sadık kalmak için hiç kendinize izin verdiniz mi? Her nerede, sizi mutlu ve neşeli kılan şey *yerine başkalarının sizden beklediği gibi olmayı seçtiyseniz,* şimdi *hepsini godzilyon kez yıkıp yaratımını iptal edebilir misiniz lütfen?* **Right and wrong, good and bad, POD and POC, all 9, shorts, boys, POVADs and beyonds.**

Artık insanları memnun etmeye yönelik ip cambazlığı görevini terk ettiğime göre, kendimi her zaman genişlerken, yeni ufuklara, yeni özlemlere, keşfedilecek yeni yollara ulaşırken buluyorum. Ve bu nedir biliyor musunuz? İnsanlar her zaman yaptığım her şeyde ne kadar cömert ve kapsayıcı olduğumu söylerler. Komik, değil mi? Bundan daha iyi nasıl olur?

Kendiniz için en iyi olanı seçtiğinizde, bunun kimseye karşı çıkmakla veya başkaları için zor olabileceği için eylemlerinizi savunmakla ilgisi yoktur, insanlar bunun enerjisini alıyorlar. Kendileriyle ilgili olmadığını anlıyorlar. Bu basitçe "Benim için işe yarayan şey bu" ile ilgilidir.

ORİJİNALLİK VE GERÇEK OLMAMANIN AĞINDA KAYBOLMAK

Access Consciousness'da sıklıkla kullanılan en güçlü sorulardan biri "Ben kim oluyorum?" sorusudur. Bu soru, başkalarından edindiğiniz ve kendinize ait olduğuna inandığınız kişilik özelliklerini tespit etmenize ve teşhis etmenize yardımcı olur.

Kendinizle gerçek bir bağlantı kurup, o bağlantıdan saptığınızda bu bariz hale gelir. Ben kimim sorusu sizi ilk önce kendinizi başkalarına ikram etmenin otomatik pilot modundan anında çıkarır ve sizi kendinize – sonsuz *Varlık* olarak gerçek olmaya geri getirir.

Hayatımda, babamın bazı niteliklerini aldığımı ve onları kendim yaptığımı fark ettiğim bir zaman vardı. Babam tam anlamıyla saçma sapan bir adamdı. O, tanıdığım herkesten çok farklıydı. Diğerlerinin çoğu yüzeysel gevezelik ve hava almakla yetiniyordu, ama babam öyle değildi. Onu sohbete dahil etmek istiyorsan gerçek ve özgün olmalıydın. Sen en iyisi "doğrudan söyle" (onun dediği gibi). Saçmalıkları ya da yalancıları bir mil öteden görebilirdi. Akut farkındalık algısı, insanları daha iyi ölçüp tartmasına yardımcı olurdu.

Babam gibi, benim de insanların bana kastetmedikleri şeyleri söylemelerine tahammülüm yoktu. Neden ağır hissettiğimi anlamadan dikkatim dağılır veya sinirlenirdim. Access Consciousness'ı yapana kadar gerçekten ne hissettiğimi ifade edemedim. Yalanlar beni her zaman rahatsız ederdi. Yalancıların yanında hissettiğim tüm sinirlenme, dikkat dağınıklığı ve can sıkıntısını düşük kan şekerine veya yorgunluğa atfediyordum. Gerçekte, bir şeyi saklamaya çalışan veya bana bir yalan satan (sanki gerçekmiş gibi) birini yakalıyordum. Onların uydurulmuş hikayelerinden ve mazeretlerinden bir anlam çıkarmaya çalışırken kendimi bunaltırdım. Şimdi sadece beni gülümsetiyor. (İronik olarak, ikinci kocam Marco ve annesi Anna, saçmalık için benzer bir barometreye sahipler. Hmmm. İlginç.)

FARZEDELİM Kİ . . .

Babamın bu niteliğine ne kadar hayran olsam da, sonradan fark ettim ki o, detaycı yapısı nedeniyle hemen hemen herkesle bağını koparmıştı. Babamın büyük bir farkındalığı vardı, ancak insanların sınırlayıcı davranışlarını değerlendirdikten sonra çoğu zaman onlara kapıyı kapardı. Daha sonra değişecek olsalar bile, asla bilmeyecekti çünkü onlara asla ikinci bir şans vermeyecekti. Ayrıca, birinin hayatının bir alanında değişmez olması, o kişinin hayatın diğer alanlarında da böyle olması gerektiği anlamına gelmez.

İnsanları *veya durumları ne sıklıkta hemen yargılıyoruz ve onlardan yeni veya farklı bir* şey *elde edemiyoruz? Kim veya ne olduklarına zaten hemen karar veriyoruz.* İnsanların *veya durumların değişebileceğine veya farklı bir* şeyin *ortaya* çıkma *olasılığının olabileceğine nadiren inanırız. Her nerede yeni olasılıkları, geçmişi temel alarak değerlendirerek sınırladıysak, godzilyon kez, hadi* şimdi *yıkıp yaratımını iptal edelim mi lütfen?* **Right and wrong, good and bad, POD and POC, all 9, shorts, boys, POVADs and beyonds.**

Şimdi sade bir felsefem var – farkındalık kazanmak (bu harika bir durumdur), ancak sonuçlandırmayı ve yargıyı geride bırakmak. Bunlar ilk karşılaşmada aşikar olmayabilecek başka olası şeyleri sınırlar. Çoğu zaman, ilk toplantı sırasında insanlar bariyerlerini yukarıya kaldırır veya iyi bir izlenim bırakmak için çok uğraşırlar. Berbat edebilir ve bocalayabilirler. Bu mutlaka onların gerçekte böyle birisi oldukları anlamına gelmez.

Farkındalık ve yargı arasındaki fark, birinin daha fazla soruya ve daha fazla olasılığa yol açması, diğerinin ise iyi ya da kötü – herşeye kapıyı kapatmasıdır. Daha bilinçli olun; sınırlayıcı yargıları bırakın. Örneğin, bir keresinde bir bahçıvan bahçeyi temizlemek için evime geldi. On yıldan fazla bir süredir bizimle birlikteydi, bu yüzden onu oldukça iyi tanıyordum. Çalıların ve bitkilerin bir kısmını süsledikten sonra öğle yemeği için dışarı çıkmaya karar verdi. Bahçenin diğer kısmı daha bitmediğinden ona seslendim. Eldiven ve diğer malzemeler için para bile verdim. Öğle yemeğine çıkarken, o gün geri gelmeyeceği sezdim, ama kendi önsezimi görmezden geldim ve durumu ilerletmeye, bildiklerime karşı çıkmaya, yine de olmasını sağlamaya çalıştım. Temel seçimim olan **Kapı 2** – doğru olmadığını bildiğim şeyin var olmadığını farz ettim. Akşama kadar onu bekledim. Bu durumda, geri dönmeyeceğinin bilincine varmıştım. Sezgimle gitseydim, sonrasındaki öfke ve ıstıraptan kendimi kurtarabilirdim. Ayrıca, farkındalığı seçseydim, bahçıvanı yargılamak konusunda kendimi eleştirmezdim. Geri dönmeyeceğini biliyordum çünkü buna geçmişte şahit olmuştum. Yine de, ona şüphenin avantajını vermek istedim. Gözlemim hakkında bir bakış açısına sahip olmamaya gönüllü olsaydım, aslında kaçınılmaz olanı bilirdim (duruma ve kendime kızmak yerine).

Bugün, kendinde olmak bana belirli bir kişi ile onun olduğu hal ile onunla mevcut olmayı sağlıyor. Şimdi o kişinin neler yapabileceğini, ne yapması gerektiğini, yapabileceğini, gerçekten yapacağını ve muhtemelen asla ne yapmayacağını bilecek kadar zekiyim. Bu yargılayıcı değil farkında olmaktır.

Her durumda insanlarla iletişim kurarken, bilmek harika ve özellikli bir durum. Ve şimdi yanıldığım kanıtlansa dahi kendimle aram iyi. Bu durum artık asabımı bozmuyor. Aksine, hoş bir şekilde sürpriz yapılmasına oldukça gönüllüyüm.

SİMBİYOTİK KİMLİĞİN DİĞER TARAFI

Başkalarının kimliklerini (simbiyotik kimlik) çoğalttığımızda, insanların kişilik özelliklerini bilinçsizce nasıl üstlendiğimizi daha ayrıntılı olarak ele alırsak, bunlara sahip olmak her zaman hoş özellikler olmayabilir. Kendimi bir "baba rolü"nü taklit ederken yakaladığım anlar oldu. Babamda sevmediğim özellikler var ve bazen ben de onlara dönüşüyordum. Bir durumda vereceğim tepki, aynı durumda Babamın nasıl davranacağına korkutucu bir şekilde benzer oluyordu.

Paris'te yaşadığım bir olayı çok iyi hatırlıyorum. Pencereden dışarı bakarken, aniden yoğun bir şüphe dalgası hissettim ve olumsuz düşünceler zihnimi ele geçirdi. Çok şikayet etmeye ve yargılamaya başlamıştım. Bu benim için karakterimin dışında bir davranıştı. Hiç böyle düşüncelerim olmamıştı. Kim yaptı? "Bu kime ait?" diye sordum (belirgin bir neden olmadan sizi ağır hissettiren düşünceleriniz olduğunda bu sorulacak harika bir Access Consciousness sorusudur). Hemen babamı düşündüm. "Baba, bu sen misin?" diye sordum. Bu soruyu sorduktan hemen sonra bir rahatlama hissettiğimde o olduğunu anladım. Yargılar ve olumsuz düşünceler hemen ortadan kayboldu ve aynı durumu bir olasılıklar alanından görmeye başladım. "Teşekkürler baba" dedim ve onaylayıp güldüm. Bu onun benimle ve benim aracılığımla iletişim kurmasının eşsiz yoluydu. Enerjik bir şekilde, elde ettiğim başarıyı kabul etmemi söyledi.

Bana ne olduğunu fark etmeseydim, bu düşüncelerin ve yargıların bana ait olduğuna inanırdım. Onlara sahip olduğum için yanılgıya düşmeye başlardım. Bunun yerine, burada, bu harika ilham için kendime ve Babama minnettar olabildim. Paris'te bu kitabı yayınlamak için bir teklif de dahil olmak üzere birçok yeni olasılığın önünü açan güzel bir gün olduğu ortaya çıktı!

Bu olay hakkında her düşündüğümde, bana yeni bilgiler sunuyor. Daha önce hiç aynı şeyi hissettiniz mi? Hayatınızın neresinde geçmiş deneyimlerden bilgi almayı bıraktınız? Ya yaşadığınız her şimdiki ve geçmişteki anlarınıza, yeni başlangıçlar olarak bakmaya gönüllü olsaydınız? Bu gelecek için hangi yeni olasılıkları yaratır? Geçmişinizi yeniden ziyaret etmenizi, daha fazla farkındalık almaya açık fikirli olmanızı engelleyen her şeyi, şimdi *hepsini yıkıp yaratımını iptal eder misiniz, lütfen?* **Right and wrong, good and bad, POD and POC, all 9, shorts, boys, POVADs and beyonds.**

LITMUS TESTİ

"Bu kime ait?" ve "Biz gerçekten kimiz?" arasındaki farkı nasıl anlarız?

Sorular sorun.

Burada kim oluyorum? Ben mi kendim oluyorum yoksa sırf bu duruma uymak için başka biri mi oluyorum? Orada bir veya iki dakika bekleyin ve gerçeğinizi veya gerçek dışılığınızı anlayacaksınız. Kendinizi mutlu, rahat, hafif ve rahat hissediyorsanız, sunduğunuz davranış size aittir. Kendinizi ağır, engellenmiş veya sıkışmış hissediyorsanız, bu durum veya davranışa veda etme zamanı gelmiştir.

Bir şeyin ne olduğuna bakmaya ne kadar istekli olursanız, o kadar farklı enerjilerle oynama ve herhangi bir durumu değiştirme olanağınız olur. Bu deneyimler sırasında, bazı rahatsız edici enerjiler de tetiklenebilir. Endişelenmeyin. Bakmak istemediğiniz veya hatta engellediğiniz şeyleri keşfettikçe - başka birinin gerçekliğine sığdırmak için öne sürdüğünüz çeşitli benliklerden ibaret olan - yalan katmanlarını, birer birer soymanıza yardımcı olacaktır. Gerçek benliğinizi veya daha uygun bir ifadeyle gerçek sizi tanımaya yaklaşacaksınız. Gerçek benliğinizi ya da daha uygun bir ifadeyle gerçek sizi tanımaya yaklaşacaksınız.

YAPAY BENLİĞİMİZİN (EGO) KARMAŞIKLIĞI

Her durumda hangi role bürünmeniz gerektiğine dair, size lineer ve basit çözümler verecek sabit bir soru veya cevap asla yoktur. Belli bir durumda kurnaz ve iddiasız olmak işe yarayabilirken, başka bir durumda sert bir şekilde yüzleşmek dünyayı ele geçirmenin daha uygun olan yolu olabilir..

Ben ilkokul birinci sınıftayken, birçok kişinin zorbalığına uğrayan tombul bir çocuktum. Bilhassa saflığımdan yararlanıp beni evimden oldukça uzaklara yürüten iki kötü kızı, Vivian ve Freda'yı hatırlıyorum. Kendi bloklarına kadar yürümemi emrederler, sonra evime geri dönmem için geniş bir daire çizerek devam etmem için beni geri gönderirlerdi. Kendi yolumun çok fazla dışına çıktığımı hissediyordum ama onları sorgulasaydım ya da itaatsizlik etseydim, bana daha da çok zorbalık edeceklerdi. Kimsenin tepesini attırmak istemezdim, bu yüzden de dedikleri gibi yürüyüşe çıkardım.

Ergenlik yıllarımda sahne tamamen değişti. Çalışmalarım konusunda her zaman samimiydim ve iyi bir öğrenci olmak bildiğim tek yoldu. Koridorda bana çarpan veya kitaplarımı deviren birkaç uzun boylu kız vardı. Çalışkan olduğum ve ineklerle takıldığım için beni cezalandırmaya çalıştılar. Bir anda beni dövmek istediler. Direnmek? Kim ben mi? Mümkün değil. Saldırganlıklarını fark etmemiş gibi davranmak ya da onları son derece kibarlıkla bombardıman etmek daha çok benim tarzımdı. Üstesinden gel, ötesine geç - bu felsefeye inandım. Ama bu pek iyi çalışmıyordu. Bir gün, yeter artık dedim. İçimde bir şeyler koptu. Bütün bir yıl ya da ömür boyu bu tür saçmalıklara katlanmak zorunda olmadığıma karar verdim. Ablamın tekvando (bir tür dövüş sanatı) siyah kuşak olan erkek arkadaşından tavsiye istedim ve bazı ön boks hareketleri öğrendim.

Birkaç gün sonra, o kız grubu bana bilmem kaçıncı kez zorbalık yapmak için yaklaştıklarında dolabımın yanındaydım. Gergin ve sinirim tepemde olduğum halde, hareketsiz durdum ve birkaç gün önce öğrendiklerimi kafamda tekrarlayarak uzun, derin bir nefes aldım: göğsünüzü ve yüzünüzü korumak için yumruklarınızı yukarı kaldırın. Yumruk atmanız gerekiyorsa, omuzunuzla birlikte yumruklayın ve arı gibi sokun, hızlı ve ölümcül bir şekilde olsun. Bunun kendim için ayağa kalkma zamanı olduğunu biliyordum. İçlerinden biri öne çıkıp omzuma tutunarak beni döndürmeye başladı. Mükemmel bir şekilde yerleştirilmiş bir yumrukla birlikte döndüm. Ben dahil herkes şaşkına dönmüştü. Bu benim kişiliğim değildi. Öğretmenlerim beni arkadaş canlısı ve girişken, iyi bir öğrenci olarak tanıyordu, savaşçı değil. Az önce ne olmuştu? Kız grubu ağızları açık bana bakıyorlardı ve yavaş yavaş geri çekilmeye başladılar.

O olaydan sonra bir daha kimse beni rahatsız etmedi. İnek arkadaşlarımla (heyecan dolu) koridordan aşağı indiğimizde yolu temizlerlerdi. Bir hafta gözaltında kaldım. Annem kabadayılığım için çok üzüldü, ama özür mü diledim yoksa kendimden mi utandım? Asla. Okuldaki ve hayattaki geleceğim için çok daha fazla kolaylık sağlayacağı için, o zaman yapılacak en iyi seçimin bu olduğunu biliyordum. O kadar hafif hissediyordum ki, uçabilirdim.

Eve döndüğümde, farklı türden bir drama devam etti. Annem gözleri dolu bir şekilde bana bakıp "annesinin küçük kızına bu nasıl olabilir" diye düşünürken babamın da gözleri dolmuştu. Sadece bunlar farklı bir türde gözyaşlarıydı. Gözyaşlarına rağmen yüzünde ağzı kulaklarına varana kadar sırıtıyordu. Gururun ışıltısı parlıyor ve bana hayranlıktan başka bir şey göstermiyordu. Kendim için ayağa kalkıp dimdik durma şeklimden gurur duyuyordu. Gençliğinin çoğunu hayatta kalabilmek için sokaklarda koşturarak geçirdiğinden, zorbaları çok iyi tanıyordu. Bu karakter dışı hareketin beni gelecekte pek çok istenmeyen durumdan kurtaracağını biliyordu. Tabii ki annem aramızdaki bu telepatik alışverişi hiç görmedi. Yine de kesinlikle kokuyu aldığı belliydi. Ona bakmak için döndüğünde, sanki utanmış gibi başını hızla aşağı eğdi. Ağzı kulaklarına varan sırıtması görünmesin diye eliyle kapatıp başını çevirdi.

EVRENİN MÜDAHALE ETMESİNE İZİN VERMEK

Olmak ve *Yapmak* hayatımızda hak ettikleri yere sahiptirler, ancak bazen (sabit bir bakış açısı olmadan) İzin Vermek, anahtardır.

Daha önce insanların sürekli çok meşgul olmaktan şikayet ettiğini duyduğumda, onlara sempati duyardım. Daha sonra, onların her görevi kendileri yerine getirme sorumluluğunu üstlenen varlıklar mezhebi olduklarını anladım. Delegasyon onların gerçekliğinin bir parçası değildi. Dağın hareket etmesi mi gerekiyor? Pekala, kemerimi bağlayıp itmeye başlasam iyi olacak. Evrenin yolu düzeltmesine izin vermek onlar için bir seçenek değildir.

Daha önce onların yerinde olmadığım söylenemez. Geçmişte elbette birkaç dağı tek başıma yerinden oynatmayı denemiştim ama ekip çalışmasının keyfini tattığımda hayata bakış açımı tamamen değiştirdim.

Evren ya da Doğa Ana -ya da bu her şeyi kapsayan enerji olarak adlandırmak istediğimiz her şey- her işi direnç göstermeden yapmamıza yardım edebilir, yeter ki kendimizi ebediyen yapanlar olmamız gerektiği inancından koparmaya hazır olalım. Bir görevi kendimiz yapmak yerine, ya onun bize bir katkı olmasını isteseydik ne olurdu? Ya evrenden bir görevi yapmamıza yardım etmesini isteyebilseydik (her şeyi kendimiz yapmanın sorumluluğunu almak yerine)? Zarafet = minimum çaba, maksimum sonuç. Bunun için Gary'e sonsuz teşekkürler

Bir depremden sonra, beklenmedik kaynaklardan gelen destekler dolup taşar. Neden? Çünkü o zaman ve bazen ancak o zaman her türlü desteği almaya hazır oluruz. Ya kusursuz tecellinin meyvelerinin tadını çıkarmak için kendimize izin vermeden önce sıkıntının kapımızı çalmasını beklemek zorunda olmasaydık? Başkalarının katkısını almaya istekli olmadan önce yıkılmayı beklemek zorunda kalmamak için ne gerekir?

Evrenin her zaman arkamızda olduğuna dair bir örnek paylaşayım. Hasta olan çok iyi bir arkadaşımın evini idare ediyordum. Yatak odası hariç diğer tüm odaları kiralamıştı. Bakım gerektiren şeyleri takip ettim, kiracıların şikayetlerini çözdüm ve o hastanedeyken ev için birkaç şey daha yaptım. Bu bir geçici düzenlemeydi. Yeniden formda olduğunda, evini yönetmenin sorumluluğunu tekrar üstlenecekti.

Hastaneden hiç dönmedi; birkaç ay sonra öldü. O kadar ironik ki, on yıl süren evliliğimin tamamen çöktüğü zamanlardı. Boş yatak odası olmasaydı, o gece gidecek bir yerim olmayacaktı (ilk kocamdan uzaklaşmayı seçtiğimde). Bu ihtimal olmasaydı, yaşamımı sürdüremeyecek bir durumda kalabilirdim. Hayatımın beni oradan nereye götüreceğini kim bilebilirdi ki? Kim bilir ben şimdi nerede olurdum?

FARKLI BİÇİMLERDE ALIP KABUL ETMEYE AÇIK OLMAYI DEVAM ETMEK

Daha yüksek güçlerin bize yardım etmek, hatta bizimle yürümek için uzandığı sayısız yol vardır, ama biz onu dinlemeye ve kabul etmeye istekli olmalıyız. Katkı almaya istekli olmalıyız. Bir deprem sırasında yardım kabul edilmesi durumunda olduğu gibi.

Sonra tekrar, bazen ilerlemeye devam etmeli, geleceğe dair öngörü ile önlem almalı ve üzerimize düşeni yapmaya devam etmeliyiz. Yaptıklarımızın gelecekte bizi nelere götüreceğini kim bilebilir? O zaman yaptıklarımız, biz farkına varmadan bir lütuf haline gelebilirler. Örneğin, arkadaşımın dairesine bakarken, gelecekte ilk evliliğimi geride bıraktığımda kalacağım yerin burası olduğunu pek bilmiyordum..

Evrenden bolluğu almanın çeşitli yolları vardır. Farklı yollardan çeşitli biçimlerde mesajları nasıl aldığımın kanıtı olacak bir ansiklopedi dolusu kayıt tutabilirim. Bu konuyu daha açık bir şekilde vurgulayan başka bir olayı paylaşacağım.

Sabahın beşinde Los Angeles'tan Las Vegas'a gidiyordum. Sabahın o saatinde beklediğimden daha fazla trafik vardı ve acelem vardı. Çocukluk kız arkadaşım Andrea'yı zamanında havaalanına götürmem gerekiyordu. İlk uçakla memleketimiz Boston'a dönüyordu. Yıllar sonra birlikte iki günlük küçük bir tatili hak etmiştik ve bunu başarmıştık. Uçuş için o saatte rezervasyon yaptırmıştı, böylece hem mümkün olduğu kadar birlikte vakit geçirecektik - ve O da işine zamanında dönebilecekti, yani her ikisini de birlikte yapabilecektik.

Çölün üzerinde gün doğumunun güzelliğinin tadını çıkardık ve sıcak içecekleri yudumladık. Bu, uyanık kalmamıza yardımcı oldu. Uçağı kaçıracağı için endişelenmemeye çalışıyorduk. Gerilimi kafamızdan atmak için radyoyu açtık. O erken saatte, elimizdeki tek şey bazı protestan ilkelere aşırı bağlı içerikleri çalan istasyonlardı.

Evrenin arkamızda olduğundan emindim. Sadece doğru seçimi yaptığımızı ve her şeyin yoluna gireceğini bize bildirmek için bu sefer göndereceği sinyali belirlemek istedim. Bir soru sormamızı önerdim: "Evren, bize biraz sihir gösterebilir misin lütfen?" Rastgele, araştırmamız bir vaizin Londra'da yeni bir kilise açma konusundaki sarsılmaz kararlılığından bahsetmesiyle sona erdi. Herkes bunun imkansız olduğunu söylemişti ama o asla inancını kaybetmedi, her şeye rağmen savaştı ve sonunda başardı. Vaiz en sonunda ekledi, "Doğaüstü olanı bekleyin ve küçümsemeyin. Kalbinizde bir kıpırtı hissettiğinizde, bunların Rab'bin mesajları olduğunu bilin." Voilà İşte! Farklı kelimeler, farklı örnekler kullanarak (bir kilise açmayı hiç istemedim; henüz değil), ama mesaj yüksek ve netti. Kalbimdeki kıpırtıyı tam olarak hissetmiştim.

Azim ve asla pes etmemek, asla pes etmemek ve asla pes etmemek, zorluklar ve imansızlar karşısında bile her şeyi mümkün kılar. İşte o zaman sihir için yer açarsınız ve mucizelerin gerçekleşmesi mümkündür..

Kendimizi keşfetmemizin mutluğunu yaşayan Andrea ve ben bu konuları tartışmaya başladık. Sayısız dinin tek bir felsefeye dayalı benzer öğretilere sahip olması şaşırtıcıdır; sadece isimler ve yaklaşımlar farklıdır. Kelimelerin engel ve ayrılık yaratmasına izin vermezseniz, o zaman Rab, İsa, Tanrı, Allah, Buda, Ganeş, Mesih, Mucizeler, Büyü, Evren, Aşk. . . hepsi tek bir şeyi kastetmiyor mu? Enerji.

Ünlü fizikçi Albert Einstein'ın bir keresinde alıntıladığı gibi: Her şey Enerjidir ve hepsi bu kadar. İstediğiniz realitenin frekansıyla eşdeğer olun, o realiteyi elde etmekten kendinizi alıkoyamazsınız. Başka türlü olamaz.

Andrea ve benim (uçuşunu kaçırmak konusunda kendimizi strese sokmamak için) en az direnç taşıyan enerjiyi takip ederek, akışta yolumuza devam ederken, havaalanında, O uçağa binmeden önce bir fincan sıcak kahve ve gerçekten sıcak bir kucaklamayı paylaşmak için bolca zamanımız bile oldu.

NETLİK İÇİN ENERJİYLE ETKİLEŞİME GEÇİN

Evrenin imdadımıza yetişmesine izin vermenin yanı sıra, katkı talep etmek ve alıp kabul etmek için başka yöntemler de vardır. Canlı ve cansız her şeyin içinde ve çevresinde belirli bir titreşimi vardır. Bu bir enerjidir. Onunla iletişim ve etkileşim kurabiliriz. Her şeyin enerjisiyle konuşabiliriz.

Arabanız çalışmaya başladığında veya eviniz dağılmaya başladığında veya bitkileriniz görünürde bir sebep olmaksızın aniden düştüğünde onlara seslenin :"Hey, naber? Burada farklı bir şey mi yapmam gerekiyor? Ya da bir şeyi farklı yapmam mı gerekli? Sana daha fazla ilgi göstermemi ister misin? Başka birine mi gitmek istiyorsun? Birbirimize nasıl katkıda bulunabilir ve birlikte nasıl gelişebiliriz?"

Her soruyu sorduktan sonra bir süre bekleyin. Ortaya çıkan ilk düşünce, genellikle sezginizin konuşmasıdır. Bu sizin Farkındalığınızdır. Buradaki hile sadece bir veya iki saniye beklemektir. Ondan sonra gri hücreleriniz devreye girer. Oraya gitmek istemezsiniz, çünkü bu düşünme ve yapma kısmı anlamına gelir. Bu düşüncelere yapışkan bir performans baskısı eşlik eder. Enerji "sohbetleri", yeni seçimlere açılmanıza ve farklı bir olasılıklar dünyasını tanımanıza yardımcı olan canlandırıcı bilgi parçalarıdır.

Bazen arabamdaki koltuğun enerjisi ve molekülleri ile konuştuğum zamanlar oluyor. Hem bedenime hem de koltuğa daha nazik ve rahat olacak şekilde ayarlanmasını ve bana yardımcı olmasını rica ediyorum. Harikalar yaratıyor. Deneyin ve sorduktan bir veya iki saniye sonra nelerin değiştiğini fark edin.

Bu tür kişiselleştirilmiş sorular sormanın yanı sıra, her türlü belirsiz durumda harikalar yaratan dört soru vardır. Bu Access güç merkezi soruları, biraz netlik elde etmenize yardımcı olacaktır.

1. Bu nedir?

Bu soruyu sorduğunuzda, cevap aramayın. Yüzeye çıkan tüm bilgilerden sizi haberdar etmek içindir. Bu soruyu asla yeterince tekrarlayamazsınız, çünkü her sorduğunuzda aynı duruma karşı farklı bir farkındalık ortaya çıkar.

"*Bu alakalı mı?*" ayrıca güzel bir sorudur. Bazen sadece bu soruyu sorduğunuz zaman, tüm olan biten her şey kendini yeniden boyutlandırır ve sihirli bir şekilde artık ona takıntınız kalmamıştır. Bu sadece bir durumdur ve durumlar kendilerini birçok kez ortaya koyarlar. Buna hayat denir. Yine de, çoğu zaman bu durumların sizinle veya yaşamınızla hiçbir ilgisi yoktur. Sadece onlardan haberdar olursunuz. Ve bu durumla ilgili, özellikle alakalı değilse, bir şeyler yapmanız gerekmediği anlamına gelir.

2. Bununla ne yapabilirim?
Bu sorgulamaya ilişkin bilgiler her zaman izlenecek adımların ayrıntılı bir yapılacaklar raporu olmayabilir. Sadece süptil, dürtükleyici bir enerji olabilir ve sizden daha fazla araştırma yapmanızı isteyebilir. Sunulan verilerden hala memnun değilseniz, "Bu bilgiyle ne yapacağım?" Diye sormaya devam edin. Bakın bakalım ne çıkıyor ortaya. Uğraştığınız konu bir şekilde netleşiyor mu? Yoksa uzaklaşıyor mu? Başlamak için önemli bir temel edindiğiniz inancı oluşuncaya kadar bunu tekrarlayın.

3. Bunu değiştirebilir miyim?
Evet yapabilirsiniz! Her şeyi değiştirebilirsiniz. Örneğin, sadece bu soruları sorarak, bunun aşılmaz bir sorun olduğuna dair bakış açınızı değiştirmiş oluyorsunuz. Aslında, çoğu zaman başka bir şey yapmanız gerekmez. En azından acil bir şekilde değildir, her neyse. Bu durum bir eylem gerektirmiyor olsa da, yalnızca bu soruyu evrene yönelterek topu yuvarlamaya başladığınızdan emin olabilirsiniz.

Bununla birlikte, genellikle, bir şey hakkında soru sorduğunuzda ve karşılığında bir çimento bloğunun size çarpması gibi bir ağırlık hissettiğinizde, bu cevabın HAYIR olduğu anlamına gelir. Yanıt sizde coşku uyandırıyorsa, bu bir *EVET'dir.*

Kesin bir cevap yoksa veya hatta belirsiz bir şüpheli hafif bir enerjik dokunuş yaklaşımı olduğunda, harekete geçmeniz için doğru zaman değil veya şu anda sizinle alakalı değil demektir. Bu ayrıca sizde bazı bilgilerin eksik olduğu anlamına da gelebilir. Evrenin size gönderdiğinde ek bilgileri deşifre edebilmeniz için gözlerinizi, kulaklarınızı ve sensörlerinizi tetikte tutun. Bunu yapmak artık daha kolay, çünkü siz problemin sonuçlandırmasının kilidini, bir soru olasılığı ile açtınız. Evren, sihri görmeniz için her şeyi yeniden düzenliyor. Bu soruyu birkaç dakika, birkaç gün veya birkaç hafta sonra tekrar sorun. O zaman daha olumlu bir yanıt alabilirsiniz.

4. Bunu nasıl değiştirebilirim?
Önceki soru gibi, anında harekete geçmeniz gerekmez. Soru yağmuruna tutmak, evrenle iletişim kurmaktır ve değiştirmek istediğiniz şeye dair onunla müştereken ilgi göstermektir. Bunu yaptığınızda, realiteniz daha hızlı tezahür eder.

SORULARIN AMACI

Kız arkadaşlarımdan biri bir keresinde bana dedi ki, "Hangi sorulardan bahsediyorsun? Ve ne hakkındaki sorular?" "Her şey hakkında soru sor" diye cevap verdim. Herhangi bir soru iyi bir sorudur. Burada şunu belirtmeme izin verin: "Neden bu kadar aptalım?" gerçek bir soru değil. Aslında sadece bir soru gibi ifade edilen bir sonuçtur. Aptal olduğum varsayımı ve kararı zaten var. Bunun yerine, "Bugün daha akıllıca ne yapabilirim?" diye sorabilirseniz, aralarından seçim yapabileceğiniz bir dizi olasılık açılır.

Kitap boyunca, mutlaka bir temizleme cümlesiyle birlikte olmayan sorular bulacaksınız. Bunlar enerjiyi canlandırmak ve ortaya çıkarmaktadır, böylece ona tepki vermek veya sizin için daha fazlasını yaratmasına izin vermek seçenekleriniz olur.

Sorular sorarak, olasılıkları keşfetmek ve evrenle iletişim kurmak sürecini başlatırsınız. Hayatınızın bir yönünü sorguladığınızda, realitenizin o yönünün etrafındaki moleküller aktive olur. Evrene bir soru yönelttiğinizde bir beton blok hissi aldığınızı varsayalım. Enerjilerin sıkışıp kaldığını ve deşifre edilebilir bir yanıt bulunmadığını belirtir. Sanki diyorlardır ki, "Ha? Ne? Bu da ne?" Muhtemelen size, "Talep ettiğiniz değişimin tezahürü için doğru zaman değil" diyorlardır."

Bir daha bu konu hakkında aynı veya benzer soruları sorduğunuzda, evrenden farklı bir enerjisel yanıt alabilirsiniz. Bunun nedeni, ilk sorgulamanız, o zaman herhangi bir etkisi olmamış gibi görünse bile, bir şey yarattı: parçacıklar, size istediğiniz deneyimi sağlamak için kendilerini yeniden düzenlemeye başladılar. İşte o zaman evrenin ve sizin birlikte yarattığınızı bilirsiniz. Buna aktif bekleme denir. Vazgeçmeyin - sadece evrene biraz zaman verin ve soruyu tekrar gözden geçirme dürtüsünü yakaladığınızda tekrar sorun.

Farklı sorular sorarak algıladıklarınıza ne kadar dikkat ederseniz, sizinle iletişim kuran enerjileri yorumlamak o kadar hızlı ve kolay olur.

FARKLI ENERJİLERİ ALGILAMAK

İnsanlar olarak, hissedebileceğimiz çeşitli güçler vardır, ancak bizler ya onların varlığından habersiz ya da deneyimlerimizi ifade etmekte yetersiz durumdayız.

Çocukluğumdan beri hassas enerjileri fark etme konusunda sezgilerim vardı. Çocukken iki "oyun arkadaşım" vardı (onlara böyle derdim). Birinin adını Buckbuck, diğerinin adını Eddie koydum. Bedenleri yoktu ve herkes tarafından görülemezlerdi ama ne zaman etrafta olduklarını biliyordum.

Ayrıca yıllarca gördüğüm tekrar eden bir rüya veya görüntü vardı. Eski giysiler içinde solgun görünümlü yaşlı bir çift, yatak odamın kapısında durur ve bana özlemle bakardı. İçeri hiç gelmediler. Sanki beni özlüyorlardı, bu yüzden bana sesleniyorlardı. Bana zarar vermek için orada olmadıklarını biliyordum, bu yüzden hiç korkmadım. Ama her seferinde yürek burkan bir deneyimdi çünkü bu konuda yapabileceğim hiçbir şey yoktu. Onların hallerini hafifletmenin hiçbir yolu olmadığı için kendimi çaresiz hissettim. Zamanla, bu görüntü basitçe kaybolup gitti.

Farklı enerji türlerine tanık olduğumda birkaç olay daha oldu. Bir keresinde Milano'dan dönerken, Floransa'daki tren istasyonunda indiğimde, üzerimde esen tuhaf, saldırgan bir rüzgar kuvvetinin varlığını hissettim. Büyük bir hızla etrafımda dönüyordu. Oysa gerçekte, hiç esen bir rüzgar yoktu.

Ertesi sabah günübirlik bir geziye çıktığımda aynı yoğun enerjiyi aynı noktada hissettim. Bir sürü soru sormama rağmen kim ya da ne olduğunu anlayamadım ve bıraktım. Alakalı değildi. Pek çok insan, bu tür şeylerin yoğunluğuna girmedikçe iflah olmaz. Pazarlık yaparken de, bir çıkmaza saplanıp kalırlar. Bu konuda daha fazla bilgi sahibi olmam gerekirse, cevabın bana geleceğini biliyordum, sorunun ucunu açık bırakmıştım. Evrenin benimle ilgili paylaşacak herhangi bir bilgisi olsaydı, bana gelirdi. Olmadı, bu yüzden geçip gitmesine izin verdim.

Benzer bir olay ben Kosta Rika'dayken oldu. Yatağımda uzanmış, dinleniyordum, birdenbire bir enerji kasırgası odamın etrafında, vücudumda dönmeye ve aynı şekilde geriye doğru dönmeye başladı, şaşkına dönmüştüm. Ne oluyordu? Birkaç dakika sonra geldikleri gibi hızla gözden kayboldular.

Daha sonra, bir entiti uzmanı olan Shannon'a (ruh dünyasını anlamaya adanmış kişi), bu olayla ilgili görüşünün ne olduğunu sordum. Bana sıradan bir soru sordu, "Aslında çok basit, bu enerjileri algılarken artık daha fazla duyarlı olabilir misin?"

Bu, tüm enerjilerin doğada benzer olduğu anlamına gelmez. Bazıları da yıkıcıdır. Access'in üç günlük Beden atölyesini yürütmek için Münih'e gittiğimde garip bir deneyim yaşadığımı hatırlıyorum. Sınıftan önceki gece, otel odamda enerjilerin etrafımda vızıldadığını hissettim. Bu sefer korkmuş hissettim çünkü ağır, yıkıcı ve tehditkarlardı. Dikkatimi dağıtacak bir şekilde bana müdahale etmek için oradaydılar. Neyse ki, gitmelerini söylediğimde gittiler.

Ertesi sabah yine başka bir entiti uzmanıyla konuştuğumda, alanımı genişletmemi ve onlardan daha fazla bilgi almak için izin vermemi önerdi. Bu, Kusursuz İletişim için ***7steps*** Atölye çalışmalarımda öğrettiğim iletişim araçlarından biridir (aynı isimle yazdığım bir kitaptır).

Kendinizi ağır, korkmuş veya kapana kısılmış hissettiğinizde, etrafınızdaki tuzak duvarları düz bir şekilde düşene ve vücudunuzu çevreleyen tüm moleküller ile aranızda hiçbir engel kalmayana kadar genişletmeye başlayın. Bedeninizden, odadan, binadan, bölgeden, ülkeden, evrenden daha büyük olana kadar içinizdeki boşluğun büyüdüğünü hayal etmeye devam edin. Sıkışmış enerjilerin küçüldüğünü hissedeceksiniz.

Ayrıca etrafınızı tamamen saran parlak bir ışık da tasavvur edebilirsiniz. Mümkünse ışık olun. Işık her zaman karanlığı gölgede bırakır. Tüm ışık, pozitif, katkıda bulunan enerjilerden kendilerini bu yıkıcı enerjiler kadar belirgin hale getirmelerini isteyin. Kime inanıyorsanız onu çağırın - Allah'a, Buda'ya, İsa'ya. . . Işık enerjilerini o kadar belirgin hale getirin ki, ağır olanları yutsunlar. Yıkıcı enerjilerin tamamen azaldığını hissedene kadar bu yöntemi tekrarlayın.

Bilincimdeki bu taleple Münih'teki ikinci gecemde yine yakıcı enerjilerle karşılaştığımda sert bir ses tonuyla "HAYIR. GİDİN BURADAN!" diye bağırdım ve alanımı o kadar genişletti ki gerçekliğimde ışıktan başka bir şey yoktu. Beni bir daha asla üzmediler.

Bu olayı Access Consciousness'ın kurucusu Gary Douglas ile paylaştığımda bana sordu, "Senin ziyaret eden şey nedir ki sen bunun farkında değilsin? Neye doğru ileri adım atman isteniyor? Şimdi kim olmaya çalışıyorsun?" Daha derin düşündükçe, önümde bir sürü olasılık belirdi. Teşekkürler Gary!

Kendimize her türlü enerjiyi almaya açık olmamıza izin verirsek, sevdiklerimizle de iletişim kurabilir veya onların varlığını anlayabiliriz. Örneğin, annem öldükten sonra bile varlığını hissettiğim anlar oldu.

Bir keresinde Güney Afrika'da tatildeyken, akşam yemeğinden sonra sigara içmek için verandaya çıktığımda garip bir duygu hissettim. İyi aydınlatılmış bir yerden karanlık bir bölgeye geçtiğimde, ki bu karşıtlık yüzünden herkesin genellikle olduğundan daha fazla kör oluyorum ve gökyüzündeki yıldızları asla göremiyorum. Ama bu sefer farklıydı. Garip bir nedenle, yukarıya bakmak için enerjik bir dürtü hissettim. Bunu yaptığımda, hareket eden milyonlarca yıldız ve takımyıldız gördüm. Vay! Büyüleyiciydi Aniden her şey birdenbire ortadan kayboldu. Annem farkındalığıma geldi. Ona, "Bana bu güzel eserleri mi gösteriyorsun?" diye sordum. Ve yine oradaydılar! Nutkum tutuldu orada kalakaldım.

Annemle sohbet edeceğim için çok heyecanlıydım, ondan bana daha fazla "sihir" göstermesini istedim. Ama sanki onunla ilgilenmiyor gibiydi. Ben enerjiyken, o iletişimde kalmaya hevesliydi. Aklım devreye girdiği an, ortadan kayboldu.

Birkaç yıl sonra, tekrar Güney Afrika'da, vahşi hayvanları görmek için safariye çıktığımda, tek görebildiğim kuşlardı. Birdenbire, daha kimse onları göremeden önce bir sürü kuş gördüğümü fark ettim. Benimle safari gezisinde olan arkadaşım Bret'e dedim ki, "Ah, annem burada olmayı çok isterdi. Kuşlara bayılırdı. Onlarla konuşurdu." Anında varlığını hissedip hissetmediğimi sordu. Bu sorunun enerjisini araştırdığımda, bedenimin enerji alanında ciddi bir değişiklik oldu. Bir kuş gibi hafif hissettim, sebepsiz yere gülümsüyordum ve tamamen rahatlamıştım. Bret'e döndüm ve "Evet, öyle" diye yanıtladım.

GERÇEĞİN GÜCÜ

Babamla tam bir tezat oluşturan Annem tam bir sosyal varlıktı. Son derece arkadaş canlısı ve insanları çok seven biriydi. Gülmeyi, şarkı söylemeyi, dans etmeyi ve iyi vakit geçirmeyi severdi. Bir sağlık kliniğinin pediatri bölümünde hemşire olarak çalışır, tüm çocuklara özenle bakardı. Sıcakkanlı ve düşünceliydi ve herkes ona hayrandı. Partilere ev sahipliği yapmayı severdi; bu konuda mükemmeldi. Kendisi pek içen biri değildi bununla birlikte çoğunlukla içki içmeyi ve eğlenmeyi seven kişilerle çevriliydi etrafı.

Genel olarak, birlikte olması kolay bir insandı. Bununla birlikte, birkaç konuda çok titizdi - yemeği israf etmemek, kişinin davranışlarından sorumlu olması ve ne olursa olsun doğruyu söylemek.

Benim gerçeğim de bu. Bedeli ne olursa olsun, asla bir yalancı olamam. Bir ergen olarak bile, ne yaptığım konusunda açıktım - lanet olası sonuçlara rağmen.

Tepe olarak kabul edilen bir yerde yaşıyordum. Avrupa şehirlerindeki gettoya benziyordu: Başlangıçta Yahudilerin yaşadığı, daha sonra daha fazla para kazanmaya başlayınca taşındıkları mahalleler. Daha sonra, bu bölgelere mülteciler ve yeni marjinalleştirilmiş nüfus hakim oldu. Porto Riko'lu çok havalı bir adamla çıkıyordum. Çok tatlıydı ve onu çok sevdim. Bir keresinde araba çaldığı için tutuklanmıştı. Onu desteklemek için mahkemeye gitmek istedim. Benim yaşımdaki çoğu çocuk (o zamanlar on beş yaşındaydım) okulu asmak için yalan söylerdi. O zamanlar, erkek arkadaşımla birlikte olmak istediğimi bilsem de anneme asla yalan söylemeyeceğimi de biliyordum. Ben de okuluma yalan söylemek istemiyordum. Annem klinikte çalışırken arayıp o gün okula gitmediğimi haber verdim ve nedenini de paylaştım. Başlangıçta bana kızgındı, sonra gözyaşlarına boğuldu, ama sonunda dürüstlüğümü takdir etti.

Hayatım boyunca dürüst bir insan oldum. Benim için yalan söylemek her zaman çok zor olmuştur çünkü o zaman o yalanı her zaman hatırlamak zorunda kalırdım. Çocukluğumdan beri, zaten kendini bilen davranış tarzımdan ödün vermek istemedim. Doğruyu söylemek benim için en kolayı oldu.

Ancak, şunu eklemeliyim ki, meslekten bir psikiyatrist ve özünde bir toprak ana olan sevgili kolej arkadaşım Lesly'den aldığım en iyi tavsiyelerden biri şuydu: "Kass, herkese her şey hakkında doğruyu söylemek zorunda değilsin, özellikle de onlar doğru söylemeni senden talep etmedikleri zaman." Vay. Her nasılsa, söylediği şeyden, aslında bazen yapılacak en nazik şeyin, kişiye yalnızca duyabileceklerini söylemek ve ayrıntılı gerçeğinizi onlarla paylaşmamak olduğunu anladım. Teşekkürler, Dr. Baugh!

Aslında başkalarına kaba ve nezaketsiz bir davranış olsa da, dürüstlük diye neyi yanlış tanımladınız ve yanlış uyguladınız? Hiçbir şeye katkısı olmayan veya hiçbir şey ilave etmeyen ve yalnızca insanları kötü hissettiren bir gerçek, çoğu zaman konuşulmadan bırakılırsa daha iyi olur.

Ya yalan söyleyen insanlar hakkında sabit bir bakış açımız olmasaydı? Bu ihtimali hiç düşündünüz mü? Sizinle veya o kişiyle ilgili değilse, düzeltmeniz veya hatta ele almanız gerekiyor mu? Doğru olma ihtiyacınız mı yoksa gerçeğin her koşulda bilinmesinin aciliyeti, sizin mutluluğunuzdan ve çevrenizdekilerin mutluluğundan daha mı önemli olmalı? Sizin için hangisi daha önemli: haklı olmak mı yoksa mutlu olmak mı? Ne yapacağınız konusunda kafanız karıştığında, sadece şu soruları sorun: "Bunu gerçekten söylememe gerek var mı? O kişiye bir katkısı olacak mı? Bunu gündeme getirecek kadar alakalı ve önemli mi? Gerçeği burada ağzımdan kaçırırsam duruma faydası olur mu?

İŞİN ÖZÜ

Dürüst olmaktan bahsetmişken, bir durumun gerçeğini bilmenin veya netlik istemenin en güçlü yöntemlerinden biri, kendinize, evrene veya bir başkasına sorduğunuz herhangi bir sorunun önüne Gerçek kelimesini eklemektir. Örneğin, belirli bir yere gitmeniz gerekip gerekmediği konusunda kafanız karışıyorsa, şunu söyleyin: "Gerçek, gitmeli miyim?"

Bir soruyu sorduğunuzda, yanına "Gerçeği" bağladığınızda, enerjisi o anda bilinçli olarak farkında olmadığınız durumun tüm yönlerini dikkate alıyor. Vücudunuz ya size "evet" verecek (göğsünüz açılacak ve siz de hafiflemiş, rahatlamış ve biraz da mutlu hissedeceksiniz) ya da sizi yorgun, sıkılmış ve hatta yorgun hissettirecek üzgün şekilde yanıt verecektir. Evrenin en etkili yasalarından biridir.

Bu tekniği kullanarak, birinin size yalan söyleyip söylemediğini de tespit edebilirsiniz. Diyelim ki, iş ortağınızın size karşı dürüst olup olmadığını merak ediyorsunuz. "Gerçek" diye mırıldanın (sadece kafanızdan söylemek de etkilidir) ve o kişiye doğrudan bir soru sorun. Cevabın enerjisi sizi hemen o kişinin gerçekliği hakkında bilgilendirecektir. Çünkü "Gerçek" ifadesi, yalnızca özgün olanın hakim olduğu bir alan yaratır.

İşte daha fazla netlik elde etmek için sorabileceğiniz soru türlerine ilişkin birkaç örnek:

Gerçek, bu seçimle kendimi onurlandırıyor muyum?
Gerçek, bu işe yatırım yapmalı mıyım?
Gerçek, şimdi *bu işi almak benim için en iyi seçim mi olacak??*
Gerçek, bu ilişkiye bir şans *daha vermeli miyim?*
Gerçek, bu bağı kutsamanın ve salıvermenin zamanı geldi mi?
Gerçek, bu kıyafeti almalı mıyım?
Gerçek, bu yemek bedenim için iyi mi?

Herhangi bir konu hakkında soru sorabilir ve durum hakkında şeffaflık elde edebilirsiniz.

Atölyelerimden birine katılan bir kadın, bu aracın kendisine nasıl büyük fayda sağladığını bizimle paylaştı. Bir sunum veya teklif hazırladıktan sonra, "Gerçek, bu müşteri teklifimi beğenecek mi? Gerçek, paralarını benimle birlikte harcamaya gönüllü olacaklar mı?" Alacağı enerjik cevaba bağlı olarak, buna göre hareket edermiş. Bunda asla yanılmadığını söyledi.

Eğer onunla ilgilenmeye istekliyseniz, evren gerçekten sizinle ve sizin için çalışır. *Aralarından seçim yapabileceğiniz daha fazla seçeneğe bakmanıza izin vermeyen her* şeyi, *godzilyon kez,* şimdi *hepsini yıkıp yaratımını iptal eder misiniz, lütfen?* **Right and wrong, good and bad, POD and POC, all 9, shorts, boys, POVADs and beyonds.**

VAR OLMANIN MANTIKSIZLIĞI

Hayatta size netlik sunacak hiçbir araca, tekniğe, hiçbir yönteme ihtiyaç duymadığınız dönemler vardır. Sadece BİLİYORSUNUZDUR. Nasıl yapıyorsunuz, onu bilmiyorsunuz ama yapıyorsunuzdur. Fransızca öğrenmek ve Boston'dan ayrılmak hayatımda böyle iki olaydı.

Sekiz yaşındayken, üçüncü sınıfta okurken, İrlandalı Amerikalı bir kadın olan okul öğretmenlerimden biri "Günaydın. Bugün Pazartesi (haftanın günü)" Fransızca olarak yazardı, her gün. Bunu tüm akademik yıl boyunca yaptı. Garip bir şekilde, bu egzersizi her gün seviyordum. Yazılarını sabırsızlıkla bekliyordum. Bunun mantıklı bir açıklaması yoktu, ama her zaman o dile derinden bağlı hissettim kendimi. Kalbimden (sekiz yaşındayken bile), bir gün Fransızcayı akıcı konuşacağımı biliyordum.

Hayatımın başlarında, havanın ve orada yaşayan insanların soğuk olması nedeniyle Boston'dan ayrılmak istedim. Memleketimdeki geleceğim bana kasvetli görünüyordu. Bu tuzağa sıkışıp kalmak asla benim gerçeğim olamazdı. Kendim için çok daha fazlasını istiyordum.

Bir ergen olarak, umutsuzca tepeyi bırakmak istediğim zamanlar oldu. Her şeyi bırak ve sadece kaç. İçinde bulunduğum ilişkiler beni heyecanlandırmadı. İşler beni cezbetmedi. Ama asla kaçamayacağımı biliyordum. Babam eğitim konusunda çok iyiydi, bu yüzden üniversiteyi bitirmem gerekeceğinden emindim.

İstediğiniz belirli bir gerçeklikten bu kadar emin olduğunuzda, hayatın hangi aşamasında olursanız olun, harekete geçmeye başlarsınız.

Babamı asla hayal kırıklığına uğratmayacağım için Boston dışındaki üniversitelere başvurmaya karar verdim. Bu şekilde, aynı anda hem hayallerimi gerçekleştirebilir, hem de eğitimimi bitirebilir ve Boston'dan ayrılabilirdim. Harvard'a başvurmanın yanı sıra (çünkü bu muhtemelen dünyanın en iyi kolejlerinden biridir), birkaç Sarmaşık Ligi (ç.n. Amerika'nın en iyi sekiz üniversitesinin oluşturduğu birlik) okullarına ve New York Üniversitesi işletme okuluna başvurdum.

NYU'ya (New York Üniversitesi) gittim, orada mükemmel bir "yurtdışında eğitim" programı vardı. Yirmi yaşında bir yıllığına Paris'e gittim ve Fransızca öğrendim. Eğitimimi tamamlamak için isteksizce New York'a döndüm ve on yıl daha burada kaldım. Bir diploma, kariyer ve evlilikten sonra sonunda Avrupa'ya döndüm ve İtalya'nın Roma şehrine yerleştim. Bugün, İngilizce dışında, Fransızca ve İtalyanca'yı akıcı bir şekilde konuşabiliyorum ve iyi derecede İspanyolca da konuşabiliyorum. Ayrıca birkaç dilde "saçmalık yeteneği" dediğim şeye sahibim, yani birkaç ifade biliyorum ve bu dillerin bazı kısımlarını da anlıyorum. Korece, Japonca, Çince, Hintçe, Arapça,

Almanca, Rusça, Fince, Portekizce ve daha pek çok dilde "merhaba" ve "teşekkür ederim" demeyi biliyorum.

KENDİNİ ÇÖZMEK

Gerçekten ben kimim?

Bu şimdiye kadar sorulan en karmaşık sorulardan biridir.

İki boyutlu gerçekliğimiz açısından ben, *Zaman* ve *Alan* üzerinden etkilenen birçok faktörün işbirlikçi tezahürüyüm. Birçok koşul, durum ve kişi beni formüle etmede etkili oldu. Ailem, arkadaşlarım, çocukluğum, partner(ler)im... hepsi, dönüştüğüm kişinin bir parçasını oluşturuyor.

Sonra tekrar, tüm bakış açılarımın sonucuyum, bu da benim realitem. Benliğim, Ego ya da kim olduğumun yansımasıdır. Bu varlık olarak benden farklıdır. Sık sık merak ediyorum - Benliğim, kim olduğum da benimle aynı mı? Benliğim bu realitede ortaya çıkandır, aynı zamanda Ruh'um olan varlığım ise, herkesle, her şeyle ve tüm şeylerle bağlantılı olan sonsuz Varlıkdır. Ben her ikisinin birleşimiyim.

Gerçek şu ki, ben bilinçli bir varlığım - sürekli değişen ve sürekli gelişen. Bu nedenle, herhangi bir zamanda, "Ben gerçekten kimim?" sorusunun cevabı, her zaman değişmeye devam edecektir.

Hayatın gerçeği şudur — Enerjiyi takip etmek, sürekli evrim geçirmek, gerçek sizi tanımak için bebek adımları atmak; gerçek Varlığınıza yaklaşmak. Bu yolculukta doğru ya da yanlış yollar, kararlar, seçimler yoktur... iyi ya da kötü deneyim yoktur. Yaşadığımız tüm deneyimlerden aldığımız (veya alamadığımız) sadece Bilgi vardır. Her şey, o belirli olay veya durum hakkındaki bakış açınızla ilgilidir. Deneyimlediğiniz gerçekliği yaratan bu bakış açılarıdır. Bu bakış açılarını değiştirmek, hayatınızı yaşama şeklinizi değiştirecektir.

BÖLÜM 2:

BEDENİNİZLE BİRLİK OLMAK: MONOLOGDAN DİYALOĞA

"Merhaba, benim adım Toni."

Lisede ismimi değiştirmiştim. Toni bana daha unisex bir isim gibi gelmişti "Büyük, şişko popolu Kass." denilmesinden bıkmıştım. Her şeyden önemlisi popo ile kafiyeli değildi.

Okul arkadaşlarımın yargıları beni derinden etkiliyordu. Sahiden şok geçirmiştim. Travmatize olmuştum. Nezaketsizlikleri, ilgisizlikleri ve bu yalanlar uzun yıllar boyunca bedenimde kaldı.

BİR "HÜCRE" İÇİNDE KAPALI KALMAK

İnsanların sadece "olgunlaşmamış beyanları" ve düşüncesiz jestleri, uzun süreler boyunca üzerimizde nasıl bu kadar zararlı sonuçlar doğurabilir?

Bir yargıya gücendiğimizde (ki bu bir düşüncedir, sabit bir bakış açısıdır [BA]), onu bedenimize kilitleriz. Duymayı seçersek ve tepki göstermezsek bu durum, yargıların hayatımız üzerindeki etkisini değiştirebilir. Bu olayın biyolojik açıklaması şudur:

Bedenimizde binlerce ve binlerce sinir hücresi vardır.

Bir yargıya maruz kaldığımızda, bu sinir hücreleri elektrokimyasal olarak elektrik yüklenirler.

Her hücrenin binlerce reseptörü vardır.

Her bir reseptör, kendisine atfedilen spesifik bir peptit (veya protein) içerir.

Hissettiğimiz her bir duygu, kendi yönelimli nöropeptid patlamalarını serbest bırakır. Diyelim ki, öfkeyi dışa vuruyoruz. Nöropeptitler vücudumuzu doldurur ve her hücrenin yapısını değiştiren reseptörlerle bağlantı kurar.

Hücreler bölündüğünde, yeni hücreler baskın nöropeptidin yönünü alır. Uzun bir süre öfke duymaya devam ettiğimizi varsayalım; vücudumuz bu reseptörlerle dolar. Ne yazık ki, bu öfke alıcılarının miktarı katlanarak arttığı için, ara sıra kendimizi iyi hissetsek bile, o yeni duygunun alıcı hücreleri o kadar azdır ki, daha önce var olanı (bu durumda, öfke alıcılarını) geçersiz kılamazlar.

Bunun güzelliği, denklemi her an değiştirebilme seçeneğimiz olmasındandır. Farklı hissetmeyi SEÇTİĞİMİZDE -örneğin mutlu hissetmeyi seçtiğimizde- mutlu alıcılar büyümeye başlar. İşte o zaman realitemiz de değişmeye başlar. Ne kadar mutlu hissedersek, o kadar çok reseptör üretilir ve sonunda öfke bedenimizden silinir.

Hiçbir şey kalıcı değildir. Bedenimizdeki her molekül bize sürekli bilgi vermektedir. Alıp kabul etmeye istekliysek, hücresel yapı buna göre değişmeye başlar.

BU HAFİF. BU AĞIR.

Dikkat etmeye ve bedenimizin konuştuğu dili anlamaya başladığımızda, aslında tam olarak daha sağlıklı, daha zinde ve dengeli bir bedeni birlikte yaratırız. Bir şey bedenimiz için doğruysa, hafif hissederiz. Değilse, ağırlık hissi bize ihanet etmez ve bizi terk etmez.

Belirsizliğe kapıldıysanız, *Gerçek* egzersizi denemek için iyi bir egzersizdir. İşler belirsiz olduğunda netlik kazanmanıza yardımcı olabilecek birkaç soru:

Gerçek, Beden, şu anda senin için doğru yiyecek bu mu?

Gerçek, Beden, fazladan şınav çekebilir *miyim? Senin için iyi olacak mı?*

Gerçek, Beden, biraz daha uyanık kalsam ve bu görevi bitirsem iyi olacak mısın?

Gerçek, Beden, sahile gitmek gençleştirici bir deneyim olacak mı bugün senin için?

Gerçek, Beden, yüzmeye gitmek ister misin?
Gerçek, Beden, bu geziye çıkmak *iyi bir fikir mi?*

Hafif ve Ağır kavramını daha iyi anlamak için bir oyun oynayalım:

Gerçekten sevdiğiniz ve sizin için aynı şeyleri hisseden birini düşünün. Birkaç dakika bu düşüncelerle kalın.

(Kendime not: Herkesten hoşlanmıyorsanız ve herkesin sizden nefret ettiğini düşünüyorsanız, sevdiğiniz her hangi bir şeyi düşünün - bir evcil hayvan, bir film, bir çiçek, bir kitap, bir yer, yeryüzündeki bir cennet parçası - veya umut.)

Sevdiğiniz bir kişiyi/şeyi tanıdığınızda, aşağıdaki cümleyi söyleyin ve hemen ardından nasıl hissettiğinizi ve vücudunuzun buna nasıl tepki verdiğini kontrol edin.

Yüksek sesle "Senden gerçekten nefret ediyorum" deyin.

Karşınıza çıkan hisleri fark edebiliyor musunuz? Baştan beri doğru olmadığını bildiğiniz kelimeleri söylemeye karşı direnç gösteriyor musunuz? Kendinizi, "Bunu söylemeyeceğim çünkü bu doğru değil! Ben böyle hissetmiyorum" derken yakalıyor musunuz? Yoksa oyunu bile oynayamayacak kadar direnç gösteriyorsunuz ve gergin misiniz?

Gerekirse, birkaç kez tekrarlayın ve kafanızda, kalbinizde, bedeninizde, evrende neler olduğunu algılayın.

Ya her nerede, bir şeye *ya da birine karşı bu kadar direnç içinde iseniz ve buna o kadar sıkı sarılmış durumdasınız ki, oynamaya bile istekli değilsiniz, godzilyon kez,* şimdi *hepsini yıkıp yaratımını iptal eder misiniz, lütfen?* **Right and wrong, good and bad, POD and POC, all 9, shorts, boys, POVADs and beyonds.**

İçinize *bakmanıza ve bedeninizin size verdiği duyumlara dokunmanıza ve bilgiyi almanıza izin vermeyen her* şeyi, *godzilyon kez yıkıp yaratımını iptal eder misiniz lütfen?* **Right and wrong, good and bad, POD and POC, all 9, shorts, boys, POVADs and beyonds.**

Oyunun ikinci kısmı (oynamaya hazırlanın!):

Yukarıdaki egzersizi tekrarlayın. Sevdiğiniz ve keyif aldığınız birini veya bir şeyi düşünün, ancak bu sefer gerçekten nasıl hissettiğinizi söyleyin.

Yüksek sesle söyleyin: "Seni gerçekten seviyorum."

Bu açıkça doğru bir ifadedir. Bu sizde nasıl hissettiriyor? Sanki siz özgür bırakılmışsınız gibi mi hissettiriyor? Sanki bedeninizde herhangi bir direnç veya kasılma yok mu? Boğazınızda, göğsünüzde, solar pleksusda, omuzlarda, midede veya bedeninizde herhangi bir yerdeki küçük bir reaksiyonu gözlemleyin.

Bedeninizdeki bu tür hisleri fark ederek, bedeninizin size ne söylediğini idrak edebileceksiniz. Bedenin mesajlarını bir bakış açısı olmadan yorumlayabildiğinizde, bedeninizi düşünme ve algılama biçiminizde köklü bir dönüşüme tanık olacaksınız. Bu süreç hayatınızı çok kolaylaştıracak ve seçeneklerinizi daha net hale getirecektir.

Bu kavramları iyi anlamak için, bu alıştırmayı farklı ifadeler kullanarak deneyin. Çikolata sever misin? "Çikolata nefis" demeyi deneyin. Sonra, "Çikolata iğrenç." Soğuk havalardan nefret mi ediyorsun? "Soğukta dışarıda olmak eğlencelidir!" deyin. Sonra, "Soğukta dışarıda olmak çoğu zaman berbattır."

Yukarıdaki iki farklı ifadeyi beyan ettiğinizde bedeninizde herhangi bir farklılık görüyor musunuz? Bedeninizdeki hisler, nabzınız, nefesiniz tamamen aynı mı kalıyor? Bedeniniz, bir şeyin sizin için doğru olduğunu veya olmadığını, ağır veya hafif olduğunu her zaman size bildirecektir. Sadece sormanız ve bilgiyi almaya istekli olmanız yeterlidir.

MONOLOG TEKELİ

Bedenime ne istediğini sormak bana yabancı bir kavramdı. İlk başta, bu yöntemi algılayamadım. Hayatım boyunca bedenime benim için ne yapması gerektiğini dikte ettim. Onunla diyalog kurmak, bu "yabancı" dili anlamak için çaba sarf etmek ve nihayet, arzularına kulak vermek çok uzak bir ihtimal gibi görünüyordu. Bu egzersizin ne kadar güçlü olduğunu *Hafif/ Ağır* oyununu oynamaya başlayana kadar fark etmedim.

Bu tekniği her şeye uygulamaya başladığımda - yiyecek, giyecek, yapacak aktivite vb. - hayat çok daha basit ve daha eğlenceli hale geldi! Çok geçmeden, farkındalığıma erişmek için bedenimden yardım istemeye başladım. Almaya başladığım bilgiler beni mahvetti. Neler olduğunu anlamanın bilişsel yeteneğimin ötesine geçtiği zamanlar oldu. Sanki tepkiler kollektif bilinçten (evrenden) geliyordu. Bu, bedenimle monolog zulmünü kırdı. Diyalog her zaman daha tatmin edici ve daha eğlencelidir.

MÜZAKEREDE

Bedenime soru sormadığım ya da onunla diyalog kurmaktan kaçındığım zamanlarda bile artık zaten bedenimle konuşmaya başladığımı fark ettim. Cevapları zaten bildiğimi varsayarsam veya bedenimin söyleyeceklerini duymak istemezsem bile, bir şekilde ilgili sorular otomatik olarak aklıma gelmeye başlıyordu. Seçecek bir şeyim yokmuş gibi davranabilirdim ama içten içe bunun bir yalan olduğunu biliyordum. İnatçı zihnim, yaklaşımıma çoktan karar vermişti (nereye ve kiminle gideceğim, ne yapacağım, giyeceğim, yiyeceğim). Planımı değiştirecek herhangi yeni bir bilgi istemiyordum. Komik, değil mi?

Bu monolog-diyalog kavramının klasik bir örneği sekstir, çünkü bazen bedenimizin bir bakış açısına sahip olduğu ortakları seçeriz, ancak bedenin sözünü görmezden gelmeyi seçeriz. Beden, bize bir katkı sağlayamayacağını anlayabilir. Nazik olmayabilirler, bizi iyi karşılamayabilirler, bizi yargılayabilirler, hatta bizim için zor bile olabilir. Ancak bazen entelektüel olarak onlara o kadar ilgi duyarız ki, bedenimizin ne bildiğini bilmek bile istemeyiz. Son hızla aklımızı dinleriz. Biz zaten cevaba karar vermişizdir (o kişinin bizim için iyi olacağına).

Kiminle yatalım gibi, bedenimizle ilgili kararlara bedenimizi dahil etmediğimiz her yeri, hemen şimdi *hepsini yıkıp yaratımını iptal edelim, lütfen?* **Right and wrong, good and bad, POD and POC, all 9, shorts, boys, POVADs and beyonds.**

Ek bilgi ve farkındalığın istenmediğine veya gerekli olmadığına veya çok *fazla olduğuna karar verdiğimiz her yeri, godzilyon kez,* şimdi *hepsini yıkıp yaratımı iptal edelim, lütfen?* **Right and wrong, good and bad, POD and POC, all 9, shorts, boys, POVADs and beyonds.**

Bir şey *hakkında ek bilgi veya daha fazla farkındalık olduğuna karar verdiğimiz durumlarda; bu, sözkonusu verilere göre hareket etmek zorunda olduğumuz anlamına gelir (yapmamayı tercih ettiğimiz bir* şey*) ve bu nedenle godzilyon kez onu bloke etmek daha iyidir, hadi bunu yıkıp yaratımını iptal edelim, hepsini* şimdi, *lütfen?* **Right and wrong, good and bad, POD and POC, all 9, shorts, boys, POVADs and beyonds.**

Ya hem bedenimiz hem de bizim için işe yarayan bir çözüm üzerinde anlaşabilirsek, bu nasıl olurdu? Bir soru sorduğumuzda ve onun enerjik bilgisini veya yanıtını almaya istekli olduğumuzda, onun enerjisini her zaman değiştirebiliriz. Hiçbir bakış açısı eklenmemiş, başka bir soru sormaya istekli olmalıyız. Ya her zaman bir seçimimiz olsaydı?

Cevabını bildiğimize karar verdiğimiz için hangi soruyu sormak istemiyoruz? Godzilyon kez bununla ilgili her şeyi şimdi *yıkıp yaratımını iptal edelim, lütfen?* **Right and wrong, good and bad, POD and POC, all 9, shorts, boys, POVADs and beyonds.**

Cevabın, zaten yapmak istemediğimiz gibi olacağına karar verdiğimiz ve farklı olabileceğinden korktuğumuz şey *için hangi soruyu sormak istemiyoruz? Yeni bilgi almak istemiyoruz* çünkü *bu, zaten doğru olduğuna karar verdiğimiz* şeyle çelişiyor, *godzilyon kez,* şimdi *hepsini yıkıp yaratımını iptal edelim, lütfen?* **Right and wrong, good and bad, POD and POC, all 9, shorts, boys, POVADs and beyonds.**

PİKO EVRENİ – GERÇEK DIŞI GERÇEK

Bu, Access Consciousness'ta yıllar önce icat edilmiş bir ifadedir. Küçük bir evren anlamına gelir. Belirli bir olay hakkında aktif olarak kurgusal yalanlar ortaya çıkaran zihnimizdeki bir yeri ifade eder.

Örneğin, okulumdaki zorbalar bana o iğrenç takma adı verdiğinde, yıllar içinde bu önermenin doğru olduğuna inanarak uydurduğum binlerce durum oldu. Mesela bir partiye gitmeden önce, kısa bir kıyafet giyseydim insanların ne düşüneceğini merak ederdim. Ya da birkaç kilo daha almaktan korktuğum için zengin, enfes bir yemeğin tadını çıkarmaktan kaçınırdım.

Benim ve bedenim hakkında yaptıkları yargılar gerçeklerden çok uzaktı ama ben yıllarca bedenimi ve zihnimi onlarla hırpalamıştım.

Başka bir durumda, bir film festivali için inanılmaz derecede korkunç bir kadınla çalışırken, kendimi "korumak" için senaryolar kurmuştum. Gün henüz başlamadan önce, cevaplarla silahlanırdım. Beklediğim (ve yüzleşmeye hazırlandığım) durumların hiç gerçekleşmediği sayısız zamanlar oldu. Tamamen başka bir şey için uğraşacaktı bedenim, ki ben bununla yüzleşmeye hazır değildim, Pico Evreni'ne yaptığım kapsamlı seyahatler sayesinde bedenimdeki hasar çoktan oluşmuştu.

Bu Pico Evrenlerini çok daha az ziyaret edebilseydik ve şimdiki zamanda yaratmaya daha fazla zaman ayırabilseydik, bu hayatımıza daha fazla katkı sağlar ve kendimiz için daha iyi bir gelecek inşa ederdik. Zihin gevezeliğini en aza indirmek ve Pico Evrenlerinden çıkmak için yapabileceğiniz birçok şey var. Örneğin bir hobi edinin. Yaratıcı bir şeyler yapmakla meşgul olun. Kendinize ve çevreye katkı sağlamak için bir şeyler yapın. Görünmez evlere sahte merdivenler inşa etmek yerine refahınızı artıran ve ilerlemenizi sağlayan her şeyi yapın.

ZİHİN ZIRILTISI – RÜZGAR GİBİ GEÇTİ

Hepimiz; zihnin çılgına döndüğü, Piko Evrenlerine ayak bastığı ve hatta gelecek için endişelendiği anı blokları icinde olabiliriz. Hayatımın büyük bir bölümünde her iki alanda da çifte vatandaşlığa sahiptim.

Bir örnek vermek gerekirse: Yukarıda bahsettiğim film festivali için çalışırken ofise ulaşmak için otobüsle seyahat ederdim. Her yolcunun evreninde kendimi kaybetmek, onların da beni düşündüklerine ikna olmak günlük bir ritüeldi. "Giydiğim elbiseyi mi yargıladılar?" "Saç stilimin bana yakışmadığını mı düşündüler?" "O adam (bana gözlerinde şehvetle bakan) bana kaba bir şey söylerse, bu tonda cevap vereceğim." Bir milyon tane. Hepimiz bu yollardan geçtik, değil mi?

O zamanlar Access Consciousness'dan aldığım en güzel hediyelerden biri, soru şeklindeki uzun sözel prosesleri ve ardından Temizleme Cümlesiydi. Her gün otuz kez olmak üzere birkaçını tekrarlamam önerildi. Hayatım boyunca çalışkan bir öğrenci olarak onları bir kağıda yazdım. Hikayeler uydurarak kendimi baltalamaktan çok daha değerli bir görev olduğunu anladım. Her gün seyahat eder, kafamda bu sözlü süreçleri tekrar eder ve okurdum. Etkinliği sevmeye başlamıştım. Bu uzun sorular bana başka gerçeklikler, başka evrenler satın almak veya icat etmek için zaman bırakmadı.

Bunlardan birinin şu olduğunu hatırlıyorum: *Olduğum her* şeyi *almama izin verecek olan, algılamayı, bilmeyi, olmayı ve alıp kabul etmeyi reddettiğim* şeyi, *almaya cesaret edemediğim, asla olmamalı dediğim her neyse, ayrıca algılamama, bilmeme, olmama ve alıp kabul etmeme izin vermeyen, algılamak, bilmek, olmak ve alıp kabul etmek istemediğim her* şeyi *algılamama, bilmeme, olmama ve alıp kabul etmeme izin vermeyen her* şeyi, *godzilyon kez,* şimdi *hepsini yıkıp yaratımını iptal ediyorum.* **Right and wrong, good and bad, POD and POC, all 9, shorts, boys, POVADs and beyonds.**

Bu Temizleme Cümlesi, alıp kabul etmemizi her şeye açmakla ilgiliydi. Bununla benzer türde birkaç tane daha vardır.

Bir gün sözlü işlemler ve sorular sayfamı yanıma almayı unuttum. Her zaman mükemmeliyetçiydim, bunun beni yıpratmaması garipti. Her şey senkronize gibi görünüyordu. Otobüsten indiğimde kafamın sessiz olduğunu fark ettim. Az önce ne olmuştu? Başkasının evrenine girmemiştim. Acayip keyifli bir yolculuktu. O anda bilinçli olarak zihin gevezeliğinin gerçekten de ne olduğunu anladım.

KONFOR SAHASINDA SEYİR ETMEK

Access Consciousness hayatımı temelden değiştirdi. Beden algımı değiştirmekten, beni seçtiğim gerçekliği yaratmak için araçlarla güçlendirmeye kadar, hayat bir daha aynı olmadı benim için.

En radikal dönüşümlerden biri, durum ne olursa olsun her şeyde rahatlık havası solumaktı. Endişelenmeyi bıraktım ve yaşamaya başladım. Yıllar önce İtalya'ya taşındığımda bedenim hakkında fazla bir fikrim yoktu. Artık kısıtlamalardan özgürleşmiştim - sonradan fark ettiğim bir gerçek araçlarla çalıştıktan sonra, aslında biraz kilo aldım.

Büyük ölçüde değişen diğer yön, kendi tenimde yaşarken rahat olmamdı. Daha önce, bedenimi her gösterdiğimde bilinçli olurdum. Her zaman şehvetli, çekici bir çocuk olmuştum ama çok fazla istenmeyen ilgi görmeye başladığımdan, büyük göğüslerimi gizleyecek kıyafetler giyerdim. Artık bu öyle değil. Access'ten sonra daha kısa kıyafetler giymeye başladım, bedenimi sergileme konusunda rahatım ve bedenim de kendini çok daha iyi daha iyi hissediyordu.

GERÇEK BİRLİĞİN DİLİ

Artık bedenimle diyalog kurmaya başladığıma ve cinselliğim konusunda daha rahat ettiğime göre, onu tamamen anlama görevini tamamladığımı varsayıyordum. Buna ek olarak, beden prosesleri üzerine bir sınıf da aldım. Üç günlük Access Beden sınıfı, kötü insanlara, olumsuzluklara ve sözlü saldırılara karşı farkında olmadan koyduğum birçok engeli kaldırmama yardımcı oldu. Artık, hiçbir kasılma hissetmiyordum ya da öyle sanıyordum.

Bir keresinde Dr. Dain (Dain Heer, Access Consciousness'ın birlikte yaratıcısı) ile bir seanstayken benzersiz bir deneyim yaşadım. Üzerimde beden prosesi yapması için masaj masasına uzandığımda benimle, varlıkla ve bedenimle bağlantı kurmaya çalıştı ama nafile. Yapamadığında, ona yardımcı olmak için müdahale etmeye çalıştım. Şaşırtıcı bir şekilde, isteğim üzerine bile kendimi alıp kabul etmeye açamadım. Duygusal olarak, kendimle tam bir kopukluk hissettim. Çekirdek varlığıma ulaşamadım.

Dain kendimle iletişime geçmeme ve bedenimle bağlantı kurmama yardım etmeye çalışıyordu ama her girişimi başarısız olmuştu. Bana şunları söyledi: "Avrupa'da Access Consciousness'ı başlatan ilk kişi sensin, bu işin çoğunu yapıyorsun ve yine de olmayabiliyor, bu konuda yalnız değilsin. Senin için şimdiye kadar yaptıklarından çok daha fazlası mümkün. İşin en iyi yanı da, özgür bir ruh olman. Arkadaş canlısı, girişken, hassas ve sezgiselsin. Burada olup bitenler hakkında endişelenmene gerek yok. Sana gelecektir.".

Oturmamı istedi ve yanıma oturdu, elimi tuttu ve dinleyicilere seslendi: "Kass ve ben bu seansın başlamasindan itibaren beş dakika geçtiğini biliyoruz. Fakat Kass kendini alıp kabul etmeye kapatmıştı." Masaj masasından kalkıp koltuğuma döndüğümde, benim için bambaşka bir dünyaya varmış gibi hissettim.

Geçmişte böyle bir şey olsaydı, tamamen yaralanmış olurdum. Normal şartlar altında **Kapı 1**'i seçerdim: "Aman Tanrım, eğer bir haber sızarsa, insanlar benim hakkımda ne düşünür? Bir Access Consciousness kolaylaştırıcısı olarak nasıl alıp kabul etmem mümkün olmaz? İnsanlar bunu öğrenseler ne düşünürlerdi? Muhtemelen bana gelmek istemezler." Ama garip bir şekilde, bu zihin gevezeliği yoktu.

Geçmişte **2. Kapıya** gitmiş bile olabilirim: "Bu ilginç bir seanstı." Ve bunu bir daha asla düşünmeyecektim.

Ancak burada tek bir seçeneğim kaldı: **Kapı 3**: "Ne pahasına olursa olsun, bu değişiyor ve ŞİMDİ değişiyor." "ARTIK HAYATIMI BÖYLE GEÇİRMEYECEĞİM." Kendimden talebim buydu. "Bunu değiştirmek için ne gerekiyorsa yapacağım. Şimdi evren, bana yardım et. Bu durumu değiştirmek için ne yapmam gerektiğini bana göster, lütfen?" (Kapılar kavramı **1. Bölümde** detaylı olarak anlatılmaktadır.)

O andan itibaren, kendimi daha iyi tanımak için daha derine dalmaya devam ettim. Bir keresinde beden sınıfına ev sahipliği yaparken, içimde belli bir düzeyde kırılganlık ortaya çıktığını hatırlıyorum. Bu çarpıntıyı solar pleksusumda hissettim. "Bu nedir?" Merak ettim. Bu, kendimle temasa geçen bendim. Bu, enerji alanımı algılayan bendim. Artık bedenimde ve mevcuttum. Bedenimin enerji ve içindeki hareket hakkında bana verdiği bilgilerin farkına vardım. Bu deneyimden sonra kendimi son derece hafif hissettim. O andan itibaren, ben de artık süptil enerjileri algılama yeteneğine sahiptim.

Ondan sonra üzerimde bir beden prosesi çalıştığında, tüm enerjileri hissedebiliyordum. Tamamen gençleşmiş hissettim. İşlemi üzerimde yürüten kişi kendi kendisinin sırtını sıvazlamaya ve bu konuda ne kadar iyi olduğunu söylemeye başladı. Ben de ona, "Evet, iyisin ve istediğin kadar iyi olabilirsin, ama alıp kabul edemiyorsam, aynı şey değil. Bu sefer daha fazlasını açıp alabildim, kabul edebildim ve bunun için kendime ve bedenime minnettarım." İleride, ne zaman kafamdan çıksam ve bedenimle birlikte olmaya izin versem, mucizeler ortaya çıktı.

SEKS ALIP KABUL ETMEKLE İLGİLİDİR

Alıp kabul etmekten bahsetmişken, Access Consciousness bana **Seksin** gerçek özünü öğretti. Seks ilişki ile sınırlı değildir. Seks, kendimiz hakkında iyi görünmek ve hissetmekle ilgilidir. Dik yürümek bedenimizi dimdik hale getirmek. Başkalarının hayranlıklarını alıp kabul etmeye gönüllü olmak. Bu dünyaya olduğumuz hediyeyi tanımak ve kabul etmek.

Özeleştiri ve bedene karşı nefret, dünyanın her yerindeki insanlarda gördüğüm en yaygın istismar biçimlerinden ikisi. Kendinden şüphe duymak, kendini eleştirmek ve geçmişte yaptıklarından pişmanlık duymak da kendine zulmün üst sıralarında yer alır. Bunu söylediğimde bana inanın, Access Consciousness eğitimleri ve ***Kusursuz İletişim için 7adım*** sınıflarımı yürütürken dünya çapında on binlerce insanla tanıştım. Bu, kültürler, ülkeler, renk ve inanç arasında yaygın olan evrensel bir sorun gibi görünüyor bana.

Kendinizi bunu yaparken yakaladığınızda, bir Pico Evrenine gittiğinizi anlayın. O zaman yolunda gitmeyen şeyler için kendini hırpalamak, hiçbir şekilde şimdi daha parlak bir gelecek yaratmak için çalışmaktan daha değerli olamaz.

Anı yaşamak için ne kadar çabalarsan çabala, sanki uzak bir ihtimalmiş gibi hissettiğin anlar olabilir. Merak etme. Kendine daha fazla sinirlenip kızma. On saniyelik artışlarla yaşa. Bu, Access Consciousness'ın araç setinden edindiğim en iyi tekniklerden biri. Her on saniyede bir kendinize daha iyi davranmaya çalışın. Bu sefer başarısız olduysanız, bunu seçtiyseniz, sonraki on saniye içinde bakış açınızı değiştirebileceğinizi bilin. Ya da bir sonraki. Ya da bir sonraki. Bu şekilde, herhangi bir durumda, öfkenizi, korkunuzu veya nefretinizi azaltma olasılığını davet ediyorsunuz.

ELEKTRİK YÜKÜNÜ (BİR KELİMENİN/DÜŞÜNCENİN) TEMİZLEYİN

On saniyelik artış yöntemini uygulamak sizin için kolay değilse, başka bir teknik, yargılamadan çıkmak ve bir Zen durumuna sahip olmaktır. Herhangi bir kelime, düşünce veya eylem hakkında tarafsız olabileceğiniz bir zamanda olmaktır. Tarafsız olmakla kayıtsız olmak arasında büyük bir fark vardır. Hiçbir şey hakkında sabit bir bakış açınız olmadığında, bunun kişisel gelişim yolunda ilerlemenize katkıda bulunduğunu bilin. Yani, etrafında hiçbir enerji oluşmaz - direnç yok, tepki yok, güçlü bir anlaşma ya da uyum yok. Bilgiden başka bir şey yok. Ulaşmayı amaçlamanız gereken şey budur. Öte yandan, kayıtsızlık, neler olup bittiğini umursamadığınız zamandır. Kayıtsızlığa bağlı belli bir bilinçsizlik vardır. Ama bir şey hakkında tarafsız olduğunuzda, neler olup bittiğinin gayet iyi farkındasınızdır. Durum veya kişi hakkında hiçbir bakış açısına sahip olmamayı bilinçli olarak seçiyorsunuz.

Söylemesi kolay, değil mi? Pekala, küçük adımlar atarak ön yargısız olabilirsiniz:

1. Neye direndiğinizi veya neye tepki gösterdiğinizi belirleyin; uyum gösterdiğiniz ve aynı fikirde olduğunuz veya görmezden geldiğiniz; sizi savunmaya sokan ya da "şansın sizden yana dönmesini sağlayan şey nedir?
2. Bir şey hakkında bir yargınız veya sabit bir bakış açınız olduğunda bedeninizin nasıl tepki verdiğini fark edin; bir "elektrik yükü" olduğunda... Bunların hepsi "tepkisel tuzaklar"dır.
3. Bu etiketleme alışkanlığını bırakmanın, siz ve bedeniniz arasında yeni, kapsamlı bir diyalog yaratmak için zorunlu olduğunu kabul edin.
4. Bu basit alıştırmayı deneyin: Genişle — Genişle, Genişle, Genişle, Genişle... elektrik yükü ortadan kalkıncaya kadar.

YARGILARLA SENKRONİZE OLMAK

Hayatta yargılayıcı olmamayı denemlş olabileceğiniz birkaç yön var, ancak hiçbiri işe yaramadı mı? Bu her zaman onaylamamak veya tarafsız olmakla ilgili değildir. Bu, kendinize karşı dürüst ve özgün olmakla ilgilidir.

Gençlik yıllarımda ne yaparsam yapayım dişlerimden memnun değildim. Bunun bir yönü büyük olmalarıydı, diğeri ise on bir yaşında düştüğümde ön dişimden birinin kırılmış olmasıydı. Bu, iki ön diş arasında bir boşluk yarattı. Gülümsemeyi çok istesem de, zar zor yaptım çünkü boşluğun çok farkındaydım. Yirmili yaşlarımın başında dişlerimi yeniden yaptırdım, kep taktırdım ve boşluğu kapattım. Şimdi dişlerim iri olmasına rağmen rahat gülümseyebiliyorum. Ve bunu çok yapıyorum.

Diyet konusunda pek iyi değilim ama kilo aldığımı ve duramayacak gibi olduğumu görsem, bedenimle anlaşma yapar ve hem kendi bakış açıma hem de bedenimin isteklerine uygun doğru beslenmeyi bulurum.

Sizi neyin mutlu edeceğine kim karar veriyor? Siz yapıyorsunuz. Üzerinde çalışmak istediğiniz bakış açılarını seçiyorsunuz, tutmak istediklerinizi seçiyorsunuz ve işinize yaramayanları atıyorsunuz. Mesela dişlerim beni çok rahatsız ediyordu, durumu düzeltmek için harekete geçtim ve bunu yaptığım için mutluyum.

Takip etmekten çekinmediğim birkaç sosyal inanç var. Örneğin, resmi bir toplantıda asla yırtık kot pantolon giymeyi tercih etmeyeceğim. Bunun için geleneksel bir kıyafet giyeceğim. Bu benim normların takipçisi olmamla ilgili değil. Başkalarının bakış açılarına saygı duymakla ilgili değil. Yırtık kot pantolon giyen birini yargılar mıyım? Hayır, hiç de değil. Bu sadece yapmamayı SEÇTİĞİM bir şey. İnsanlar beni fazla resmi ve fazla Bostonlu olduğum için yargılarlarsa, ben buna razıyım

Hayatımda saçlara çok fazla önem verdiğimi hissettiğim bir dönem vardı. Ben buna "yanlış yerleştirilmiş kibir" derdim. İnsanların, birinin ne tür saçlara sahip olduğuna veya sahip olmadığına çok fazla dikkat ettiğine inanıyordum. Kesinlikle bu bakış açısına karşıydım. Bir noktada, ailem bunu kapsamlı bir şekilde tartışırdı. O kadar ki, "saç tartışması" bittiğinde, şimdi gerçek bir sohbet edebilir miyiz diye sorardım. Ben her zaman hırslıydım. Daha önce, bunun doğru yol olup olmadığını merak ederdim. Şimdi, böyle olmaktan keyif alıyorum.

Saçtan bahsetmeye geri dönersek, daha sonra bunun insanların uyum sağlamaya çalıştığı pek çok özellikten biri olduğunu fark ettim. ***Kusursuz İletişim için 7adım*** sınıfımda, bir duruma uyum sağlamak için taktığımız sayısız peçelerden bahsediyorum. İnsanlara ulaşmanızı sağlayacak maske ya da peçe nedir? Saç stiliniz (fiziksel bir özellik) veya tavrınız... Bu ne olursa olsun, onlar sizinle bağlantı kurduklarında, maskeyi çıkarabilir ve özgün benliğiniz olabilirsiniz.

HAYATİ KILMAK KARŞISINDA CANLI OLMAK

Toplum olarak mutlu olmamız için dış etkenlere daha çok önem veriyoruz. İş uzlaşmaya geldiğinde, gerçekte olduğumuz kişi aslında bizi mutlu etmiyor. Belirli bir niteliği hayati hale getiriyoruz, ona büyük önem veriyoruz ve hayatımızı bu yargıya göre yaşıyoruz. Örneğin, asla belirli kilodan daha ağır olmamak gerektiğine inanırsak, bu aralığı korumak için bedenlerimizi tükenmeye zorluyoruz.

On altı mekik çektikten sonra vücudumuzun mutlu oldugunu ve gençleştiğini oysa bizim onun sinyaline kulak vermediğimizi varsayalım. Jimnastik hocası bizden yirmi tane yapmamızı istediyse, öyle olacaktır. Vücudumuza faydalı olup olmadığı kimin umurunda? İronik olarak, vücudumuz ona denileni yapar.

Her şey algılarla ilgili. Birçokları için ten rengi çok önemlidir. Vücudumun bu yönüne hiçbir zaman önem vermedim. Bazen insanlar bana tenimin renkli olmasının ilerlememe engel olup olmadığını sorduklarında, cevabım "Bilmiyorum" oluyor. Hayatımda asla hayati hale getirmedim, bu yüzden rengim sayesinde bir anlaşmayı kaybettiysem bile bunu asla bilmiyorum. Ancak dolaylı yoldan bunun başkalarını ilgilendiren bir konu olduğuna şahit oldum.

On dört yaşında bir yaz kampında Cathy adında güzel bir kızla tanışmıştım. Daha sonra da görüşmeye devam ettik. Yavaş yavaş çok iyi arkadaş olduk. Aniden, ondan haber almayı bıraktığım için evini aradım. Diğer hatta annesi vardı. Cathy hastanede, dedi ve telefonu yüzüme kapatti. Daha fazla ayrıntı almak için tekrar aramayı denedim ama kimse cevap vermedi. Ertesi gün tekrar denedim. Otomatik operatör hattın kesildiğini söyledi. şaşırdım. Ne olmuş olabilirdi? İrlandalı olmayan arkadaşları olduğu ve benim mahallemde takıldığı için mahallesindeki ırkçı çocuklar tarafından dövüldüğünü sonradan öğrendim. Vay canına, tüm bunlar gerçekten var mı? İnsanlar, tanımadıkları insanlar ve yerler hakkında nasıl bu kadar çok yargıya sahip olabilirler?

Gary Douglas'a bu olayı (ve birkaç başka olayı) anlattım ve bana sordu, "Başkalarının evrenlerine ne kadar giriyorsun ve onların gözünden görmeye, nasıl bu kadar dar bir bakış açısına sahip olabildiklerini anlamaya çalışıyorsun?" Belki de insanların bakış açılarını değiştirip daha geniş bir bakış açısına sahip olmalarına yardım etme yeteneğimle, onların sınırlı görüşlerini benim kötü görmeme dönüştürdüm. Bu yüzden mi doktorların tünel görüşü dediği şeye sahibim? Merak ediyorum.

Bir başkasının gerçekliğini veya bakış açısını anlamak İçin bedenimizin yeteneklerini azalttığımız her yeri, şimdi *hepsini godzilyon kez yıkıp yaratımını iptal edelim, lütfen?* **Right and wrong, good and bad, POD and POC, all 9, shorts, boys, POVADs and beyonds.**

Renklerin bir fark yarattığı başka bir olayı hatırlıyorum. Bana değil ama. Olay Boston'da oldu. Çocukluk arkadaşım Andrea ve ben bir lokantada oturmak için sırada beklerken sohbet ediyorduk. Garson öne çıktı ve arkamızda duran adamlardan masaya gitmelerini istedi. Andrea soğukkanlılığını kaybetti. Garsonun gerçekten bir hata yaptığını düşündüm, bu yüzden araya girdim, "Üzgünüm, sohbet ediyorduk, sanırım oturmaya hazır olup olmadığımızı bilmiyordunuz. O kadın özür diledi ve yerine bizi aldı. Oturduğumuzda, Andrea olanlarla ilgili görüşünü dile getirdi. Onun bakış açısına göre ırkçılık orada bir normdu. Doğru mu, yoksa sadece bir bakış açısı mı?

Annem hiçbir zaman renk, kültür veya din hakkında herhangi bir şeyi önemli görmedi, bu yüzden hak etmediği bir şeye önem verme kavramını asla anlamadım. İster sanat olsun, ister insanları etiketlemek olsun, hiçbir şey onun için çok önemli değildi. Her şey onun dünyasına dahildi. Örneğin, New York Metropolitan Sanat Müzesi'ni ziyaret edip bir Picasso tablosunu görene kadar oturma odamızda bunun küçük bir reprodüksiyonu olduğunu fark etmemiştim. Annem hiçbir zaman "Bizim bir Picasso tablomuz var" demedi. Orijinali New York'ta bir müzede gördüğümü söylemek için aradığımda, "Ah, Picasso'yu seviyorum; O benim en sevdiğim ressam." Üniversiteden önce Picasso'yu hiç duymamıştım bile. Yıllar sonra onu İspanya'daki Picasso Müzesi'ne götürdüğümde kapanışta onu oradan sürüklemek zorunda kaldım. Sanatı bu kadar çok seviyordu (ama asla bunu büyük bir şey yapmadı).

New York'a gittiğimde edindiğim bir diğer farkındalık da Yahudi isimleriyle ilgiliydi. Üniversitede birinci sınıftaki makale ortağım İsrailli bir Yahudiydi. Ona annemin iyi arkadaşlarından bahsediyordum. Onlara isimleriyle hitap ettiğimde, "Ah, onlar Yahudi" diyerek sözümü kesti. Ne hakkında konuştuğu hakkında hiçbir fikrim yoktu. Ben çocukken bu kadınlar Noel'i bizimle kutlardı. Hiç kimse onların Yahudi olduklarından bahsetmemişti. Tatil için eve gittiğimde anneme bunları sordum. Rastgele yanıtladı, "Ah evet, farklı bayramları kutluyorlar; bu yüzden Noel'de evde bizimle birlikte olabilirler." Aklımdan hiç geçmeyen bir gerçek.

Hayati, değerli ve senden daha önemli *kıldığın, seni sınırlı, tanımlanmış bir dünyada tutan ve seni ve bedenini bilinçli yaşamanın kolaylığını ve eğlencesini yaşamaktan alıkoyan her* şeyi, *godzilyon kez yıkıp yaratımını iptal eder misiniz lütfen?* **Right and wrong, good and bad, POD and POC, all 9, shorts, boys, POVADs and beyonds.**

BİR SORU SORMANIN GÜCÜ. TARTIŞMA GÖTÜRMEZ.

Access Consciousness'da, *Korku* bir çeldirici *implantdır. Korku* gerçek midir yoksa bir yalan mıdır? Onu gerçekmiş gibi satın aldığımızda, gerçekten neler olduğunu anlamaktan bizi uzaklaştırıyor. Gerçeği görmemize izin vermiyor. Korku bizi gerçekte olduğumuz kişiden ayırır. Şimdiki zamanda yaşatmaz. ŞİMDİ'de yaşayabilseydik, otantik benliğimiz olma alanından seçim yapabilirdi veya öyle davranabilirdik.

Bir keresinde, arkadaşlarımla yürüyüşte ve diğer bazı açık hava etkinliklerindeyken, çok yüksekte olan bir köprüden geçerken Korku beni yakaladı. Tüm bedenim kasıldı. O ben değildim, çünkü yükseklikten hiç korkmazdım. "Bu kime ait?" diye sordum. Hatta benim mi?"

Soru sorduğumuzda ne oluyor? Bir soruyu gündeme getirdiğimiz bir milisaniye içinde, bir farkındalık alanı açılıyor. İşte o zaman bedenimiz bize bilgi veriyor. Bu bize olumlu bakış açısı kazandıran bir soruysa, enerjik olarak hafif hissediyoruz. Sorunun neden olduğu baskı veya daralma ortadan kalkarsa, konuya gerçekten dokunduk, yalanı ortaya çıkardık ve manyetik yükünü sildik demektir. Soru, problemin baskısını nötralize etmiş gibi olur. Tam on ikiden vurduk demektir.

Bunun kime ait olduğunu sorduğumda, Meksika ve Güney Kaliforniya arasındaki köprünün bir görüntüsünü gördüm. Annem ve kız kardeşimle birlikte üzerinde yürüdüğümü gördüm. Biz kız kardeşler, aşağı bakmaktan korktuğumuz için annemizin iki yanındaydık. O, yüksekten aşırı derecede korkardı. Anında, korkusuna neyin sebep olduğunu görme çabasıyla, onun gözlerinden görmek için onun dünyasına girdiğimi fark ettim. Açıkçası, orada daha uzun süre kaldım. Bu süreçte, yüksekliklerin ne kadar eğlenceli olabileceğine dair vizyonumu sınırladım. Annemin yükseklik korkusu, bedenimin hücrelerinin hafızasına kilitlenmişti.

Bu korku tuzağının kilidini açmak için biraz daha soru sordum, bazı sözlü prosesler yaptım (kontrolden çıkmakla ilgili) ve Temizleme Cümlesini kullandım. Genişlememe ve daha dengeli olmama yardımcı oldu. Biraz rahatladığımda çelik halatla aşağıya bile kaydım. Bu aktiviteyi yaparken baştan beri, taşlaşmıştım. Arkadaşlarım beni eğlendiriyor, ağaçların üzerindeki platformda dans ediyorlardı. Hepsini öldürmek istiyordum. Bir noktada, büyük bir düşüş oldu. Korkunun beni yenmesine izin verip aptalca bir şey yapsaydım, o düşüşten asla kurtulamazdım. Tarzan Jane tarzı bir İp vardı bu beni daha da korkuttu. BU, hayatta kalmam gereken andı - ya sıkıntıya teslim olmak ya da. . . "Tarzan" diye bağırarak havada uçmaya başladım. Tüm endişe büyüsü yok oldu. Kendimi daha fazla zorlamak için, baş aşağı da uçtum. Hayır, korku yok.

Bir başka olayı da paylaşayım: "Tarzan" deneyiminden birkaç ay sonra Budapeşte'ye tatile gittim. Bazı orada yaşayan arkadaşlarla birlikte, tüm bagajımla birlikte arabayı açık bir alana park ettik. Arkadaşlarım, arabayı kilitlemeden bırakıp yerel bir tura çıkmanın tamamen güvenli olduğuna dair bana güvence verdiler. Ceketlerini almak için güpegündüz bagajı açtılar ve bu sırada benim valizim de etrafta duran herkese maruz kaldı. Yürüyüşümüzden döndükten sonra valizimin kaybolduğunu gördük. Korku ve öfke beni ele geçirdi. Panikledim. Deneyimlerim, yükseklik korkusu beni tükettiğinde yaşadığım deneyime benziyordu. Korku gibi, Öfke de bir çeldirici implanttır. Kontrol ile ilgili sözel prosesleri, Temizleme Cümlesi ile birlikte hemen tekrarladım ve kısa sürede korku ve öfkeden kurtuldum ve tekrar kendi alanıma girdim   sakin ve eğlenceli.

Korkunun, öfkenin, suçlamanın ya da utancın sizi şu andan çıkarıp hayatınızı ve bedeninizi kontrol etmenin katı sınırlarına sokmasına ne sıklıkla izin veriyorsunuz? Ne zaman böyle bir şey ortaya çıksa, derin bir nefes alıp ona kadar sayabilseniz, bu süreçte bedeninizle yeniden bağlantı kurabilseniz ve farklı bir şey seçseniz nasıl olurdu?

MONOLOGDAN DİYALOĞA. DİYALOGDAN BİRLİĞİN ALANINA.

Her şeyin sonunda, hepimizin aradığı şey nedir? Barış? Mutluluk? Sağlık? Bolluk? Bütün bunlar ve daha birçok şey. Tüm bunlara erişimimiz var. Çözümler içimizde. Hepsi. Sadece gerçekten arzuladığımız şeyin ne olduğunu belirlemeye istekli olmalıyız, sonra bunu kendimiz için sormalı veya talep etmeliyiz. Daha sonra, nasıl ortaya çıkarsa çıksın evrenden katkı almaya istekli olmalıyız. Sonunda, ortaya çıktığında da kabul etmeliyiz. Peki ya bu süreçte maksimum faydayı elde etmek için bedenimizin yardım etmesine izin verebilseydik?

Hayatım boyunca bir işkolik oldum. Asla başka bir yol bilmiyordum. Bedenle birlik içinde olmanın felsefesini öğrendikten sonra çok şey değişti. Bedenimin isteklerine saygı duymak artık ilk tercihim. Örneğin acil bitirmem gereken bir iş varsa, “Tamam beden, bu işin şimdi yapılması gerekiyor. Hastalanmadan bunu yapabilir miyiz?” Bedenim “Hayır, artık kendimi zorlayamıyorum” şeklinde iletişim kurarsa daha fazla soru sorarım. “Tamam, bu görevi başka birine verebilir miyim? Bu iş , fiziksel hoşnutsuzluğa neden olmayacak şekilde farklı bir şekilde yürütülebilir mi?” Hem zihnimin hem de bedenimin rahat ettiği bir yere gelene kadar bedenime soru sormaya ve dinlemeye devam ederim.

Kendi tenime yabancı olmaktan, bedenimdeki moleküllerin dilini anlamaya ve olduğum sonsuz varlıkla birleşmeye kadar epey uzun bir yolculuk oldu. Şimdi, yapabildiğim kadar sık, bedenimi onurlandırmak, zihnimin yargılamasına izin vermemek ve varlığımın sonsuz ruhunu, gerçek bir birlik birlikteliğini kutlamak için uygun bir alandan hareket ediyorum.

Biyolojik çalışmanın kaynağı: www.huffingtonpost.com/debbie-hampton/how-your-thoughts-change-your-brain-cells-and-genes_b_9516176.html

BÖLÜM 3:

İLİŞKİLERDE SENKRON İÇİNDE VE DIŞINDA: İZİN VERMEDE YAŞAMAK

Asla yıkılmış bir yuvam olmayacaktı - çocukluğumdan beri kendime dayattığım bir "gerçeklik". Annem ve babam birbirleriyle evlendikleri zaman sırasıyla boşanmışlardı. Asla onların izinden gitmeyecektim.

Otuz bir yaşında, ilk kocamı terk ettim. Birkaç yıl sonra boşandık.

Uzun boylu ve yakışıklı bir Afrikalı Amerikalı, benim "O bunlar değil. . . listem" için oldukça iyi. Eğitimsiz değildi. Homofobik değildi. Daha önceki ilişkilerinden çocuğu olmamıştı. Eski bir karısı yoktu. Farklı ırklar, kültürler, diller hakkında ön yargıları yoktu. Hayvanlardan nefret etmezdi. Benden on dört yaş büyüktü, hayatı çok daha fazla yaşamıştı. Bu yönü beni büyüledi. Dahası? Onunla tanıştığımda, benden daha iyi Fransızca konuşabiliyordu! Bunun için saflığı suçlayalım.

Birini körü körüne sevdiğimiz zaman, bir gün söylediklerini kastetmelerini umarak, bilmeden tüm konuştuklarını satın alırız. Mesela bir gün Güney Fransa'ya yerleşmemizden hararetle bahsederdi. Onun bir hayal dünyasında yaşadığını anlamam uzun yıllarımı aldı. A, b ve c'yi yapacağını söyledi, ancak hiçbirini yapma konusunda hiçbir zaman harekete geçmedi. Hareketlerinden hiçbiri, bu konuşmaları gerçeğe dönüştürmekle ilgilendiğini göstermedi.

Yaşıyoruz, öğreniyoruz. Boşanmamın ardından ortaya çıkan birçok gerçeğin arasında, hayatımın ilk birkaç on yılına ve ilişkilerime dönüp baktığımda, aldığım en büyük netliklerden biri, insanların gerçeklikten (uyuşturucu, alkol veya idealist ütopik hayallerle) kaçmaları, tam olarak benim için hayır ve hayır olmuştur.

Ve diğer farkındalık, her zaman tek cesaret veren kişi, esas aile reisi veya tek güvenilir yardımcı kişi olmak zorunda olmadığımdı. (direği boşverin; bize odun gerekli.) Ve birinin entelektüel olarak zeki ve iyi okumuş olması, o kişinin benden daha zeki olduğu anlamına gelmez.

Access Consciousness sınıflarına katılmaya başladığımda, genellikle kurucusu Gary Douglas'ın "Ben topraktan daha aptalım. Toprak akıllıdır; en azından rüzgarın hangi yönden estiğini bilir."

Herhangi birini (olumlu olarak) bizden daha zeki olarak yargıladığımız ve bu nedenle, doğuştan gelen farkındalığımızı, onların entelektüel ve görünüşte rasyonel kararları lehine geçersiz kılmaya istekli olduğumuz her yeri, şimdi *hepsini godzilyon kez yıkıp yaratımını iptal edelim mi?* **Right and wrong, good and bad, POD and POC, all 9, shorts, boys, POVADs and beyonds.**

FARKINDALIĞIN KARŞISINDA YARGI

Çocukluğumda, annem babamın suçlarını benimle tartıştığında, utanırdım. Kendi kendime kocamı asla kimseye eleştirmem diye düşünürdüm. Bu yapılacak doğru şey değil. Daha sonra (evliyken) hikayemi çok yakın olduğum biriyle paylaşıyorsam kaba davranmadığımı fark ettim. Aslında ben sadece kocam hakkında yaptığım bir gözlemi aktarıyordum.

"Kocamı yargılamama" sözünü o kadar belirgin ve anlamlı kılmıştım ki, yaptığı tüm kaba ve bilinçsiz şeylere bakmaya istekli değildim. Sonunda, davranışlarından bıkıp kız arkadaşımla konuştuğumda (bir kez ve ilk yaptığım zaman), kulak misafiri oldu ve onun hakkında beni rahatsız eden her şeyi öğrendiğinde şok oldu. Ben de şok olmuştum. Onun hakkında böyle hissettiğimi fark etmemiştim.

BARDAĞI TAŞIRAN SON DAMLA

Ağustos 1994, hayatımda her şeyin büyük ölçüde değiştiği altı aylık bir dönem başladı. İşten kovuldum. Onları dava ettim (tamamen karakterimin dışında olan bir şey). En yakın arkadaşlarımdan biri çok hastalandı. Hastaneye yatırılması gerekiyordu. Bu süre zarfında (eski) kocam birlikte tatile gitmeye hevesliydi. Kalbim, hasta arkadaşımla birlikte olmamı istedi ama aklım, iyi niyetli eşi oynamamı emretti. Aklım kazandı. Ben yokken arkadaşım öldü; kocam etkilenmemiş görünüyordu. Adiliği ve umursamazlığı (bana karşı) beni dehşete düşürdü. Ama seçimlerimden ben sorumluydum, o halde neden onu suçluyorum, değil mi?

Evliliğimiz daha da kötüye gitmeye devam etti. İşsiz olduğum için, sevgili görümcem (şimdi eski görümcemden böyle bahsediyorum) onunla Avrupa'ya gitmek isteyip istemediğimi sordu. Mesleği caz vokalistliği olan eski görümcem yolda kendi işlerini onun için halletmem konusunda çok hevesliydi. Şubat 1995'te o ve ben müzik turumuz için Avrupa'nın farklı ülkelerine gittik.

Geçmişte Avrupa'da bir yıl yaşadığımda, kaygısız bir hayat yaşamanın tadına varmıştım. Bu zengin deneyimlere ek olarak, uluslararası seyahatleri, farklı kesimlerden insanlarla tanışmayı, olayları ele almayı içeren bu müzikal turda bulunmam, tüm bu heyecan verici deneyimler, hayata ve evliliğime bakış açımı değiştirdi. Gerçekte kim olduğumla bağlantı kurdum - maceracı, eğlenceli, sevgi dolu ve kaygısız bir birey. Özgün benliğim ile evliliğimde olduğum kişi arasındaki fark, daha fazla görmezden gelemeyeceğim kadar açıktı. Bir zamanlar, ben bu parlak ışıktım. Özgür bir ruh. Şimdi, o ışığın çoğu kararmıştı. Yok olmuştu neredeyse. Hayatta kalmam gerekirse (gelişmeyi unut), o karanlığı küçük ışık noktalarıyla parçalamam gerekirdi.

Döndükten sonra, artık eski kocama bir daha asla geleneksel bir işe girmeyeceğimi açıkça belirttim. "Eh, birimizin gerçek bir iş yapması gerekecek" diye karşılık verdi. Bunu sekiz yıldır yapıyordum! Şimdi sıra ondaydı.

Bu patlama, bastırılmış öfkemin ve hayal kırıklığımın bariyerlerini kırdı. İlk defa ilişkimizde yolunda gitmeyen şeyler hakkında uzun uzun konuştuk. Hepsini sıraladığımda, benimle tamamen aynı fikirdeydi. Ortak hiçbir yanımız kalmadığı için bu evlilik kurumunu bırakmaya karar verdim. Alay etti ve "İnsanlar öylece kalkıp gitmezler, bilirsin," dedi. Yaptım ve asla arkama bakmadım.

Gerçekte kim olduğumuzla tekrar senkronize olduğumuzda, içimizde uykuda olan güç yükselir ve hayatımızı doğru yönde ilerletmek için bizi tamamlar. Bu, almamız gereken eylemlerle ilgili değildir. Bu bir farkındalıktır - kendime değer veriyorum, bu yüzden bundan daha fazlasını hak ediyorum..

BİTİRME MÜHÜRÜ

Verimli dönemini aşan bir durumu kurtarmak için çok uğraştığımızda, hayatımızda aşırı derecede yoğun bir enerji vardır. Bunu, farkındalık kapımızı çaldığında nihai bir bilme anı izler, ancak bazen bunu görmezden gelmeyi seçeriz. Esaret içinde yaşamaya devam ederiz.

Başkalarının ışığımızı *o kadar ince ve sürekli olarak karartmasına ne sıklıkla izin veriyoruz ki, içimizde parlayan* ışığı *görmezden geliyor ve sonunda unutuyoruz? Kendi* ışığımız *yerine başka bir* şey *seçtiğimiz her yeri,* şimdi *hepsini yıkıp yaratımını iptal edelim, lütfen? Godziyon kez.* **Right and wrong, good and bad, POD and POC, all 9, shorts, boys, POVADs and beyonds.**

İlk evliliğimi geride bırakmadan beş ay önce, Julia Cameron'un Sanatçının Yolu adlı kitabına dayanan on iki haftalık bir kursa katıldım. Bana herkesten çok kendime değer vermeyi öğreten benzersiz bir metodolojisi vardı. İlk birkaç hafta kendimi öğle yemeğine, randevuya, sinemaya götürdüm. . . O günlerde her sabah yirmi dakika boyunca duygularımı kaleme almak zorunda kaldım. Falan filan yazsam bile sorun yoktu ama ne hissettiğimi yazmam gerekiyordu. İlk sekiz hafta yazdıklarımın kopyasını okumama izin verilmedi. Sonunda, okuduğumda, şok oldum ve kendim için utandım. Başından beri, her gün aynı deneyimleri yazdığımı fark etmemiştim. Bu, evliliğimde ne kadar mutsuz olduğumu değerlendirmem için yardımcı oldu.

Işıkları kapatabilir ve her şey karanlıkmış gibi davranabiliriz, ancak o ışıklar bir kez açıldıklarında, zayıflığımızın gölgelerinin arkasına saklanmak yoktur. Şimdi ortaya çıkmanın ve ışıl ışıl parlamanın zamanı geldi.

KENDİNE NAZİK DAVRAN

Bir yandan, memleketinin dışında kendine bir hayat kurmuş inatçı Boston'lu bir kızdım. Öte yandan aynı kız, kendisini sevmeyen ve ilgilenmeyen bir adamla evli olarak bir yalanı yaşıyordu; ki bu adam sadece kendini sevmeye gönüllüydü.

Ya nazik olmaya çalışmak bir sınırlama ise? Ona karşı sürekli olarak iyi ve düşünceli olma arzum, iki kat fazla daha fazla çalışmamı sağladı. Ya bunun yerine ilk önceliğim kendime karşı nazik olmaksa? Başkalarına karşı nazik ve düşünceli olmak çok daha kolay mı oluyor? Kendinize karşı nazik olmaya istekli olduğunuzda, başkalarına hizmet etmek daha kolaydır. O zaman bolluk içinde bir hayat yaşarsınız ve evrendeki herkese ve her şeye katkı olursunuz.

ÇARPITILMIŞ REALİTE

Bazen, ortağımızın eksikliklerini doğrulamak için tuhaf yollarımız vardır değil mi? Bazen bir arkadaşımın sorunlu gençlik ya da daha iyi bir yaşam için savaştığından, bu dünyaya benim olabileceğimin ötesinde çok daha büyük bir katkı sağladığına inanıyordum. Birkaç arkadaşım çeşitli nedenlerle savaşıyordu: çevreyi korumak, hapsedilen kadınları eğitmek... Sıradan bir hayat süren, işe gidip faturaları ödeyen tek kişi bendim. Bu beni daha iyi bir ölümlü yapmadı mı? Hayır, ikimiz de vergi dairesine gittikten sonra fark ettim.

Çökmekte olan evliliğimizi biraz istikrara kavuşturmak için vergilerimizi birleştirirsek, onun daha iyi bir vergi durumuna sahip olacağını düşündüm. Vergi memuru ona on yıldır vergi ödemediğini söylediğinde evraklarını inceledikten sonra, tutkuyla mırıldandı, "Yoksul gençlere yardım etmem önemli değil mi?" Memur da ben de hayretler içinde kaldık.

DAHA İYİ BİR BEN

Başarısızlık göreceli bir kavramdır. Boşanmam, belirli bir ilişki yürümediği için başarısız olmadığımı öğretti. Tam tersine, medeni durumum ne olursa olsun ailesiyle iletişimimi sürdürdüm. Sonuçta, samimi bir insan ilişkisinin karmaşıklığı, noktalı bir çizgi üzerindeki imzanın basitliğinden çok daha karmaşıktır. O aileyle hâlâ iletişim halindeyim ve bu ilişkilerde sevgiyi alıp vermeye devam ediyorum.

Ya her durumdaki hediyeleri almak için kendinize her zaman izin verseydiniz? Ya hiçbir hata yoksa, sadece seçimler, olasılıklar ve katkılar varsa? Görünüşte olumsuz bir durum hakkında hangi soruları sorabilirsiniz ki, bu meydana gelmeden önce ve sonra olumlu faydalar elde etmenize izin verebilsin? Her nerede ilerlemek kelimesinin her şeyi geride bırakmak anlamına geldiği kısıtlamalar varsa - kurunun yanında yaşı da yaktığınız - geçmişi geri almanın imkansız olduğuna inanmak ve buna inanmakta haklı olduğunuzu kanıtlamak için yola çıkmak ile ilgili her şeyi, şimdi godzilyon kez yıkıp yaratımını iptal eder misiniz, lütfen? **Right and wrong, good and bad, POD and POC, all 9, shorts, boys, POVADs and beyonds.**

Her şeyin mümkün olduğuna inanarak yaşamak için bir anlaşma yapmaktan sizi alıkoyan her şeyi, godzilyon kez yıkıp yaratımını iptal eder misiniz lütfen? **Right and wrong, good and bad, POD and POC, all 9, shorts, boys, POVADs and beyonds.**

EN İYİ SEÇENEK

Gerçekte, herhangi bir şeyi değiştirmek için tek yapmamız gereken dürüstçe ne olduğuna bakmaktır. Bunu yapmak istemeyen çok kişi var. Yaratıcı enerjilerini, çalışmayan şeyleri düzeltmeye harcarlar. Ama onu kurtarmaya değer mi? Bazen kendi yoluna gitmek daha iyidir.

Filmimi tamamladıktan sonra kapatabileceğim yapım şirketimi altı yıl boyunca açık tuttum. Çoğu insan böyle yapmaz. Bir iki film çektikten sonra firmalarını açıp kapatırlar. Bu temiz bir moladır, böylece şirket veya geçmişle ilgili sorunları ele almaya devam etmek zorunda kalmazlar. Ama kapatma işini bu kadar büyüttüğüm için şirketimi açık tuttum. Uzatmalı mevcudiyetiyle ortaya çıkan tüm sorunlarla uğraşmak zorunda kalmama rağmen hayatımın bu bölümünü canlı ve açık tutmayı seçtim. İlk evliliğimde olduğu gibi şirketimle olan ilişkimi bitirmeyi seçtiğim an, çok daha fazla para kazanmaya başladım ve daha birçok olasılık ortaya çıktı.

Bir durumda ne yapacağınıza karar vermekte zorlanıyorsanız, şu soruları sorun:

Bu ilişki hayatımda daha fazla mı yoksa daha az mı yaratıyor?
Gerçek, benim zamanımı ve enerjimi kullanmamın en iyi yolu mu?"
"Şimdi ve gelecekte benim için ve diğer herkes için daha fazlasını yaratacak, enerjimle daha uyumlu ve daha kolay bir şey var mı?
Gerçek, şu *anda en iyi seçimim nedir?*
Gerçek, bu durumu kutsamanın ve ondan özgürleşmenin zamanı geldi mi? (Bunun için Pirece anneye teşekkürler.)

Enerjik olarak güçlü olan bu sorular, değişim için pratik ve güçlü araçlardır. Durumu çözmemize yardımcı olması için evreni devreye soktuğumuzda (bunun gibi sorular sorduğumuzda yaptığımız şey budur), sihir ve mucizeler gerçekliğimizin bir parçası haline gelir. Bundan daha iyi nasıl olur?

SENİNLE İLGİLİ OLMASINI SAĞLA

7adımda Bolluk ismiyle yürüttüğüm bir sınıf, katılımcılara; bir durumu işlemek ile hayatı size en uygun şekilde işletmek arasındaki farkı fark etmeyi öğretir. Bu, sizin için neyin doğru olduğunu iliklerinize kadar bilmek ve (başka birinin yalanlarını yaşamak yerine) sezgisel farkındalığınıza saygı duymakla ilgilidir.

Başlangıçta, bu çok zor bir iş gibi görünebilir, ancak boynumuzu sınırlı gerçekliğimizden dışarıya çıkardığımızda ve bunun gerçek olmadığını anladığımızda, fare deliğinden çıkmak daha kolay hale gelir. Tek yapmamız gereken bakış açımızı değiştirmek ve sezgilerimizin akışına uymaktir.

SEN KARAR VER

Her ilişkinin kendine özgü dinamikleri vardır. Bu akışın enerjisini takip etmek, oyundaki egoları akılda tutmak her zaman kolay bir yol değildir. Tüm bu çabaya değer mi? Kim karar veriyor? Siz.

İlk boşanmamdan sonra bir süre rahatladım. Daha sonra, ortak arkadaşlarım aracılığıyla, müstakbel kocam olan Marco ile tekrar karşılaştım (onunla yıllar önce tanışmıştım).

Hayatımın aileminkine esrarengiz bir şekilde benzemesi ironiktir. Onlar gibi, Marco ve ben de birbirimize aşık olduğumuzda kendi ilişkilerimiz içindeydik. İkimiz de birlikte daha mutlu olacağımızı şüpheye yer bırakmayacak şekilde anladık. Zaten yeni bir ilişkim vardı ve bundan oldukça memundum. Yine de Marco ve ben yeniden bağlantı kurduğumuzda bu benim için tamamen farklı bir deneyimdi. Daha önce hiç bu kadar heyecanlı ve kendinden geçmiş hissetmemiştim. Ayrılığım ne kolay ne de hoştu ama bu sefer kendime karşı nazik olmayı seçtim. Sezgilerimi takip etmeyi ben seçtim.

Marco, ilişkisini sona erdirmek için Londra'ya gitti. ikimiz için de rahat olmamıştı, ama buna değdi. İkimiz de birlikte olmamız gerektiğini kalplerimizde biliyorduk. Bugün, yirmi yıldan fazla bir süre sonra, birbirimize olan sevgimiz sadece güçlendi.

Bu felsefe her türlü ilişkiye uzanır. Çoğu zaman, çocuklar ve ebeveynler sürekli anlaşmazlık halindedir. Neden birlikte kalmaları gerekiyor? Hayat tekil, dikenli bir yolda yürümek için çok kısa. Şu anda olduğun kişi olmaktan hoşlanıyorsan, devam et. Ancak yolculuk daha çok sürekli bir ödün verme haliyse, o zaman bir seçim yapma ve karar verme zamanıdır.

DENEMEYE DEĞER

Marco ve ben çok zorlu deneyimler yaşadık ve birbirimize olan sevgimiz ve bireyselliğimize saygımız her zaman bir hediye oldu.

Hayatım boyunca bir işkolik oldum. Zamanın en iyi organizatörü de olmayabilirim. 2010 yılında Marco yeterince onurlandırılmadığını hissettiği bir dönem yaşandı. Hayatımı işime adadığımı hissetti. Sürekli bir çatışma halindeydik. Nasıl halledeceğimiz konusunda hiçbir fikrimiz yoktu. Bir noktada bana "Bak birbirimizi sevmememiz söz konusu değil ama bu ilişki için ölemeyiz" dedi.

Duygularını bu şekilde dile getirdiğinde, benim için birçok şeyi belli bir bakış açısına soktu. Bana olmak istediğim kişi olma özgürlüğü verdi. Savunmak ya da rol yapmak zorunda değildim. Özgün olduğu için onu daha çok onurlandırdım ve saygı duydum. Evliliğimizi seçtim. Bu kez devam etmek benim için doğru seçimdi.

Hepimiz ilişkilerde böyle çalkantılı anlarla yüzleşmek zorunda kaldık. Bu soruları sormak yardımcı olur:

Gerçek, benim işime yaramayan bir şeye *ya da birine tutunmak zorunda olmak konusundaki tüm sabit bakış açılarımı yıkıp yaratımını iptal etmeye gönüllü olsaydım ne ortaya* çıkabilirdi?

Gerçek, burada kalmaya devam edeyim mi?

Orada kalmaya devam edersem, bu bir çıkmaz *sokak mı olurdu yoksa zaman içinde azalacak bir* sarsıntı *mıydı?*

OLMAK YA DA OLMAMAK

Bizim için neyin önemli ve hayati olduğu, bizim için kimin ve neyin önemli olduğu konusunda net olduğumuzda, işler otomatik olarak yerine oturur. Bu bir ego savaşı değildir. Aksine, ilişkiyi onarmak için samimi, kolektif bir çabadır...

Şimdi meşgulken bile Marco'yu dahil etmenin farklı yollarını buldum. Programlarım ne kadar yoğun olursa olsun, onu tamamen kesmiyorum. Her beş dakikada bir onu aramakla ilgili değil. Bazen seyahat ederken bütün hafta geçiyor ve telefonda konuşmuyoruz. Bu, özellikle onunkinden farklı bir zaman dilimindeysem oluyor. Ama onu farkındalığımda tuttuğum için enerjim onun yolunda akmaya devam ediyor. Enerji alanları böyle çalışır. Onları düşündüğünüzde, varlığınızı uzaktan bile hissederler. Bazen derslerimde ve atölyelerimde ondan bahsediyorum, bu yüzden fiziksel olarak yanımda olmasa bile evrenimin bir parçası. Ben gezerken bu küçük "bağlantılar" evliliğimizi devam ettiriyor.

BAKIŞ AÇISI VE ÖNCELİK

Her şey bu iki şey ile ilgili. Her birimizin, ilişkinin nasıl olduğuna dair kendi anlayışımız var ve bu gerçeklikten hareket ediyoruz - bir zamanlar babam hakkında derin derin düşünürken otuz iki yaşında öğrendiğim şaşırtıcı bir gerçek var. Onu telefonla aradım.

"Merhaba baba. Benim, Kass. Annem, Kim [kız kardeşim] ile senin her zaman birlikte yaşaması zor bir adam olduğuna inanmış olsam da, bu aslında doğru olmayabilir. Muhtemelen senin için de o kadar kolay değildi. Senin hakkında fazla düşünmeyen üç kadınla aynı evde yaşamak oldukça cesaret kırıcı olmalı."

Karşı tarafta bir sessizlik oldu. Sadece bir nefes. Bir süre sonra şöyle dedi: "Kimsenin bunu böyle göreceğini hiç düşünmemiştim."

Bu bakış açısının değişmesiyle, farkındalığımda bir paradigma kayması oldu.

Ondan özür diledim. Bir gün beni affedeceğini umuyordum. Geçmişte olan olayları değiştiremezdik ama o olaylara bakış açımızı değiştirebilseydik içimizde çok şey değişirdi. Şimdi başka neler mümkün?

Babama bakış açım değiştikçe onunla olan ilişkim daha iyi oldu. Silsile halinde etkisi oldu. Kötü insanlar hakkındaki görüşlerim artık eskisi gibi değildi. Hayatım boyunca onlardan kaçındım. Artık kötü insanlar hakkında sabit bir bakış açım yoktu. Doğru ya da yanlış olarak görmüyordum. Bu sadece ilginç bir bakış açısıydı.

Babam çok zor bir çocukluk geçirmişti. Yıllar boyunca, savunmaları onun kişiliği haline gelmişti. İnsanlar genellikle içlerindeki yumuşak kişiyi korumak için belirli karakterler geliştirirler. Aceleci davranan birinin davranışına anında tepki vermek yerine, onların iletişim tarzlarının ötesine bakıp bize gerçekten ne söylemeye çalıştıklarını anlayabilsek nasıl olur? Ya onları yargılamadan görebilseydik. Sahip olunacak en davetkar bakış açısı olurdu. Ve belki, sadece belki, o zaman tüm yaşamları boyunca özenle inşa ettikleri savunma duvarlarının arkasından çıkarlardı. Belki o zaman gerçekte kim olduklarını ortaya çıkarırlardı.

Ağabeyi Phil'in ölümünden sonra, eski kocam ve ben, artık anlaşmazlığı etkileşimimizde öncelik haline getirmedik ve sonunda uyumlu bir akışı karşılıklı sağlayabildik. Ne kadar farklı bir bakış açısı.

Birini farklı bir bakış açısından algılamanıza ve nezaketini kabul etmenize izin vermeyen hangi sabit bakış açısına öncelik *verdiniz? Bunun olduğu her* şeyi şimdi *yıkıp yaratımını iptal eder misiniz?* **Right and wrong, good and bad, POD and POC, all 9, shorts, boys, POVADs and beyonds.**

İLGİNÇ BAKIŞ AÇISI

Access Consciousness'ın en iyi araçlarından biri olan bu üç kelime, herhangi bir konuşmanın ruh halini ve enerjisini tam anlamıyla değiştirebilir. Bir şey hakkında tamamen doğru ve yargılayıcı olma dürtüsüne kapıldığınız her an, sizi "İlginç bir bakış açısı" demeye (veya düşünmeye) davet ediyorum.

Bu ifadenin hemen hemen her şeyin belirlenmiş düşünce kalıplarını nasıl kolaylaştırabileceğine dair birçok örnek var. Örneğin İrlanda'ya gittiğimde "Eh, biz İrlandalıyız, biliyorsun, yani... ve bunun gibi bir çok ifadeyle karşılaştım."

Bu ifadeyle ilgili ilginç olan şey, tarih ve gururla dolu olmasıdır. Birçok yönden bu bir sorumluluk reddidir. Kim söylerse söylesin, çevresinde ortaya çıkan bir sürü enerji var. Geçmişin, bugünün, İngilizlerin, protestoların ve ıstırabın enerjisi. İnsanların ruhuna büyük ölçüde yerleşmiştir. Bu kelimeler ("Eh, biz İrlandalıyız, bilirsiniz...") birkaç nesli etkilemiş bir zihniyeti çağrıştırıyor ve uyguluyor.

"Eh, biz İrlandalıyız, bilirsiniz..." konusu ile ilgili neyi bu kadar hayati kıldım ki (uyumlu olduğunuz ırkı, *cinsiyeti veya inancı yazın) bu beni tarihin bu bölümünde sıkışıp kalmış halde tutuyor? Bunun olduğu herşeyi* şimdi *godzilyon kez yıkıp yaratımını tümüyle iptal ediyorum.* **Right and wrong, good and bad, POD and POC, all 9, shorts, boys, POVADs and beyonds.**

Bekar, evli, gey ya da heteroseksüel olmak konusunda neyi bu kadar hayati kıldım ya da iyi bir arkadaş/sevgili/koca/karı/baba/anne olmak konusunda bana seçim özgürlüğü *vermeyen neyi bu kadar hayati kıldım ki bu beni bir başkasının ilişkiler fikrine saplayıp kalıyor?* Bununla *ilgili her* şeyi şimdi *yıkıp yaratımını iptal ediyorum..* **Right and wrong, good and bad, POD and POC, all 9, shorts, boys, POVADs and beyonds.**

BARİYERLER: DOST MU DÜŞMAN MI?

"İlginç bakış açısı", birinin itaat ettiren söylemlerinin etrafındaki katı enerjiyi hafifletirken, Bariyerler (yukarı veya aşağı), bir konuşmanın bizim için en iyi olacak şekilde nasıl ayarlanabileceği konusunda önemli bir rol oynarlar.

İşte bir "*Bariyerler Yukarıda*" konuşmasına bir örnek:

New York'a seyahat ederken oradaki eski dostumla buluşup iyi vakit geçirmeye karar verdim. Ben Roma'ya taşındığımda o da oradaydı. O, New York'a dönüp Amerika'ya yerleştikten sonra birbirimizle temasımızı kaybetmiştik. Şimdi onunla karşılaşacağımız için heyecanlıyım, ona mesaj attım. Cevap olarak bana şunları yazdı: "Dinle, bana sadece New York'tayken yazıyorsun. Diğer zamanlarda,, aramazsın veya iletişim kurmaya zahmet etmezsin" Ben de buna cevap olarak: "Kız kardeşimle de görüşmüyorum, bazen aylar geçer diye cevap verdim."

Bunu üzerine bariyerlerini yükselterek, "Burada kız kardeşinden bahsetmiyorum" diye devam etti. Ben bariyerlerimi tamamen indirerek duruma yeniden yaklaştım. "Bir arkadaşlıkta ihtiyaç duyduğun devamlılığı sağlamakta iyi olmayabilirim. Keşke bunu yapacağıma söz verebilseydim, ama bu şu anda benim için mümkün değil. Sana gerçekten tapıyorum ve seni görmeyi çok isterim. Benim tarafımda bir şey değişirse ve bunu daha kolay yapabilirsem, seni bilgilendireceğim. Ve eğer bu bakış açısına o kadar çok ihtiyacın yoksa, bana haber ver."

İlişki tamamen değişti. Onu sık sık düşünüyorum. Marco (mesleği mimarlık olan) aynı arkadaşımın evini bile yeniden tasarladı. Ortak arkadaşlarımız var. Birbirimizden haber alıyoruz ama o ve ben yıllardır birbirimizle iletişim kurmuyoruz.

Kim olduğunuz gerçeğini onurlandırdığınızda ve bir ilişkiye sığdırmak için kendinizi küçültmediğinizde, suçluluk veya pişmanlık duymazsınız.

BIRAK GİTSİN

Bariyerlerinizi kaldırmanın diğer yönü, açık ve savunmasız olduğunuzda (ki bu sizin zayıf olduğunuz anlamına gelmez), insanlar sizinle (veya bu konudaki herhangi bir şeyle) ilgili yargı(lar)ını uzun süre tutamazlar. Herhangi bir bakış açısı olmadan, direnmeden yargıları almaya istekli olduğunuzda, onu bedeninize kilitlemezsiniz ve başkaları da onu kendi dünyalarına kilitleyemez. Bu bir kazan-kazan durumudur. Yargıların içinizden geçmesine izin vererek oynayın. Bir şeyler öğrenmek için elinizden geleni yapın (eğer yardımcı oluyorsa). İçinde sizin için bir şey yoksa, bırakın gitsin.

BİR BARİYERİ HİSSETMEK

Çölde bir kale hayal edin. O korunan bölgenin dışında duruyorsunuz. Her taraftan açıkta, herhangi bir yönden saldırıya uğrayabilirsiniz, ancak açıkta olduğunuz için savunmanızı ne zaman kurmak istediğinizi, savunmanızı nasıl kurmak istediğinizi ve kendinizi savunmak isteyip istemediğinizi SEÇİN.

Şimdi, kalenin içinde olduğunuzu hayal edin. Saldırıya uğramaktan endişelenmenize gerek kalmadan kendinizi rahat hissedersiniz çünkü insanlar sizi içeride göremez. Ancak, gerçek şu ki, sizde onları göremezsiniz. Bu nedenle, sürekli bir savunma durumundasınız çünkü ne zaman ve nereden saldırıya uğrayacağınızı bilmiyorsunuz. Bariyerleriniz her taraftan yükseldiğinde, tamamen güçlendirilmiş olursunuz. Ama kim hapiste acaba?

BARİYERLER AŞAĞI EGZERSİZİ

Elleriniz başınızın üstünde, avuçlarınız yere bakacak şekilde başlayın ve avuçlarınızı yere doğru yavaşça itmeye başlayın.

Yavaşça.

D-A-H-A Y-A-V-A-Ş!!!

Etrafınızdaki elektrik yükünü algılayabiliyor musunuz bir bakın. Ne zaman hafif bir baskı hissederseniz (bariyerler yukarıya kalkmış), "Onları biraz daha aşağı itebilir miyim?" diye sorun. Gitmelerini istemeyin; aşağı inmelerini isteyin veya davet edin. Bunu yaparken, vücudunuzda neler olup bittiğini gözlemleyin. Avuç içleriniz yere doğru hareket ederken aynı anda bariyerlerin aşağı inmesine izin veriyorsunuz.

Anınızı, gözlerinizi, burnunuzu geçin. . . Onları aşağı doğru iterken, sertliğin ve gerginliğin azaldığını hissedin. Ellerinizi önünüzde veya yanınızda aşağı doğru hareket ettirirken bekleyin. Bir blokaj olduğunu hissederseniz yavaşça durun. Bariyerlerin biraz ikna edilmesi gerekiyorsa, orada olun, biraz daha bekleyin. Ardından, ayaklarınızın dibine gelene kadar yavaşça aşağı doğru itin. Bunu tüm vücudunuzla yapın

Bu egzersizi tekrarlamaya devam ettikçe, rahatlayarak daha iyi olacaksınız. Bazı günler çok iyi olabilirken, diğer günler birkaç engel olabilir. Bunu, bedeninizde ve enerji alanınızda neler olup bittiği hakkında daha fazla bilgi almak için yargılamadan yapın. Sonunda, çevrenizde olup bitenlerden etkilenmediğinizi anlayacaksınız. Kimsenin size söylediği hiçbir şey sizi şaşırtmayacak ve aileniz, arkadaşlarınız, meslektaşlarınız, ortaklarınız ve yabancılarla olan konuşmalarınız ve etkileşimleriniz çok daha sorunsuz ilerleyecek. Çok daha fazlasını alıp kabul edeceksiniz.

Tüm bu değişikliklerin hayatınızda yer alması için öncelikle karşınıza çıkan bilgileri almaya istekli olmanız gerekir. Değişim konusunda temkinliyseniz, çıkmaz bir durumda olacaksınız.

Bariyerlerimiz ortadan kalktığında bize nasıl yardımcı olduğuna dair başka bir örnek paylaşmama izin verin:

Bir keresinde Paris'te meslektaşımla öğle yemeği yerken bir adam yanımıza geldi ve bana dedi ki, "Hey, seni iki ay önce Paris'te gördüm ve yine burdasın. Access figüranlığını gerçekten sevmiyorum. "

Bariyerlerim biraz yüksekken, kendi kendime, bana doğru yürüyen ve gerçeğini paylaşan bir yabancının olduğunu düşündüm - hiçbir şey sorulmadan bir şeyi kötü ağızdan söylüyor. Burada bir toplantının ortasında rahatsız ediliyorum; belki engellerimi tamamen indirirsem bana yardımcı olur.

Düşüncelere daldığımı fark etmeden, "İletişim becerileri üzerine yaptığın sunumları sevdim" diye devam etti. Aniden Portekizce bir şeyler söyledi; Aynı dilde cevap verdim ve aramızdaki buzlar eridi. Konuşmamız sırasında, altı yıldır orada yaşadığı için Brezilya'da ne kadar çok bağlantısı olduğunu paylaştı. Vay! Ertesi yıl Nisan ayında Brezilya'ya gidiyordum. Vedalaşırken kartvizitlerimizi paylaştık. Bariyerlerimi yukarı kaldırmamış olsaydım, konuşma bu noktaya asla gelmeyecekti.

ENERJİYİ AKITIN. ENERJİ ÇEKİN.

Bariyerlerin (yukarı veya aşağı) bir enerji oyunu olması gibi, Akış ve Çekme Enerjisi de benzer bir egzersizdir. Bu tekniklerin güzelliği, herhangi bir karmaşık durumun, evrenin enerjileriyle bağlantı kurma kapasitenizi kullanarak çözülebilmesidir. O enerjiler her yerde mevcuttur. Özgür ve Kullanımı kolaydır. Son derece faydalıdır. Bundan daha iyi nasıl olur?

Bir egzersiz yapalım:

En son yaşadığın orgazmı düşün. Bu sabah, geçen hafta, hatta on yıl önce olabilir. Henüz hiç orgazm olmadıysanız, sevdiğiniz bir şeyi yaptığınızda hissettiğiniz heyecanı bir düşünün. Düşünün ve onun enerjisini alın. Şimdi, o enerjiyi yerden yukarı çekin: ayaklarınızın arasından; ayak bileklerinizi, baldırlarınızı ve dizlerinizi geçin (dizlerinizin etrafında dönmesine izin verin); sonra da uyluklarınızdan. Onu cinsel organlardan, midenizden, göğsünüzden ve boynunuzdan geçirin. Boynunuzu ve omuzlarınızı güzelce yuvarlayın ve tüm bu enerjinin omuzlarınızdan akmasına, kollarınızdan aşağı akmasına ve parmak uçlarınızdan damlamasına izin verin.

Şimdi ellerinizle o enerjiyi geri çekin - elleriniz, omuzlarınız ve boynunuzdan yukarı ve başınızın üstünden dışarı. En az altmış saniye boyunca onunla kalın. Bu enerjinin tüm vücudunuzda akmasına izin verin.

Bu sizin orgazmik yaşam enerjinizdir. Bunu vücudunuzun herhangi bir yerinde, örneğin kürek kemikleriniz, boynunuzun arkası veya herhangi bir yerde algılarsanız, bu enerjinin bir kısmını vücudunuzda onu almayan bir yere gönderin. Aynı anda enerjik, heyecanlı ve rahat hissedeceksiniz.

Güzel, derin nefesler alın.

Daha net anlaşılması için bir olayı burada paylaşayım:

Bir keresinde arkadaşım Mike beni almaya havaalanına gelmişti.

Zaten dışarı çıktığımı bilmiyordu, bu yüzden çıkışa bakıp dışarı çıkmamı bekledi. Arkası bana dönüktü. Aramızda cam bir bölme olduğu için ona seslenmek mümkün değildi, bu yüzden ondan enerji çekmeye başladım.

Gerçekten sert. Etrafındaki enerjideki farkı hissedebiliyordu. Her yöne bakmaya başladı. Sonunda, pencerenin dışında duran bana baktı. Bu bir enerji çekişidir. Hiç böyle bir şey yaşamadınız mı? Gerçek?

BUNUN İÇİN HANGİ KELİME VAR?

Enerji ve Kelimeler de titreşimli olduğundan, arzuladığımız türden bir sonucu çıkarmak için manipüle edilebilirler. Örneğin, takdir edici kelimelerin kullanılması vücudumuzu daha hızlı iyileştirirken, eleştiri onları olumsuz etkiler.

Ne zaman bir katkı alanından faaliyet göstersek, dünyalarımız genişleyerek bolluk yaratır. Ego bizi ayırır. Bizi izole bir kimlik olarak dışlar. Evrenle iletişim kurmak için kullandığımız kelimeler her şeyi değiştirir. Arzuladığımızı alamıyorsak, kullandığımız kelimeleri kontrol etmenin zamanı gelmiştir.

Diyelim ki, birine bir görev atadığımızda, onu içeren kelimeler kullanırsak (komut vermek yerine), sonuç çok daha verimli olacaktır. Kusurlarını belirtmek yerine, yaklaşımımız daha kucaklayıcı ise bu süreç ve çalışma hepimize fayda sağlar. Projeyi yapmanın eğlenceli olup olmadığını sorabiliriz. Onlar için işe yarayan neydi? Onlar için işe yaramayan nedir? Gelecekte bu tür işleri daha keyifli hale getirmek için önerileri var mı?

ETKİN İLETİŞİM VEYA AYNI FİKİRDE OLMAK İHTİYACI

Bazen iletişim kurmayı ve aynı görüşte olmayı birbirinin aynısıymış gibi olarak nasıl karıştırdığımızı fark etmek ilginçtir. Daha önce, birçok kez birine bir şey söylediğimde ve yanıt beklediğim gibi değilse, kendimi yeniden ifade ederdim. Karşıdakinin beni anlamadığını varsayıyorum. Bir keresinde kuzenim Vaughn dedi ki, "Komik bir şey - insanlar sizinle aynı fikirde olmadığında, bunun, söylediklerinizi anlamadıkları için olduğunu düşünürsünüz, bu yüzden onu farklı bir şekilde açıklamaya çalışırsınız ta ki onlar sizin ne demek istediğinizi anlayıncaya kadar. Muhtemelen onlara kendi bakış açımı gösteremezsem, etkili bir iletişimci olmadığımı düşündüm. Şimdi bunun her zaman böyle olmadığını anlıyorum.

Diğer insanların bakış açılarını görmemize izin vermeyen dilin zıt ikili kodlamaları ve tıkanıklıkları hakkında neyi algılamak, bilmek, olmak ve alıp kabul etmek istemiyoruz?

Tüm bakış açılarını görmemize izin vermeyen hangi sabit bakış açılarımız var?

Eğer sabit bir bakış açısına sahip olmamaya istekliysek, o zaman tüm bakış açılarına sahip olabilir ve başkalarıyla ilişkilerimizde ve iletişimimizde daha fazla kolaylık yaratabiliriz.

Access araçlarını uygulamaya başladıktan sonra, insanların ne duyabildiğini daha iyi anladım. Şimdi, bir kucaklama ve yaratma alanından konuştuğumda, çok daha fazlasını yaratıyorum..

Bu konuda daha fazla netlik elde etmek için şu soruları sorabilirsiniz:

İletmek *istediğim halde başkalarının duyabileceği* şekilde *söylemediğim şey nedir?*

Söylemediğim şey nedir ki, söyleseydim birinin gerçekliğini değiştirirdi?

Bunu söylemek dünyada bir fark yaratacak mı?

Burada yaratmak istediğim etki nedir?

Bir an için bile olsa, gerçeğe bakışlarındaki değişimi teşvik etmeye yetecek kadar birini rahatsız edecek ne söyleyebilirim?

Son sorunun klasik bir örneği, eski kocam ve benim uzun konuşmamızı yaptığımız ve birlikte gerçeklerle yüzleştiğimiz zamandır. Onunla evliliğimizde yolunda gitmeyen şeyler hakkında konuşurken, sadece onun onayını beklemiyordum, ben de onu ikna etmeye çalışmıyordum. Ben sadece gerçeğimi dile getiriyordum. Bu ikimizin de hayatının akışını değiştirdi.

İZİN VERMEDE OLMAK

Kız arkadaşlarımdan biri, Annie, hapsedilenlere yazmayı öğretme hizmetindeydi. Bir keresinde konuştuğumuzda, onun yaptığını yapamama konusundaki endişemi dile getirmiştim. Çok hassas olduğum için parmaklıklar ardındakilerin gerçekliğine dahil olurdum. İnsanların acısını hissetmek bana yabancı bir kavram değil. Buna, "Karanlığı ışık noktalarıyla delen bizler varız, ama senin gibi ışığa katkıda bulunmaya devam eden insanlara ihtiyacımız var, böylece karanlıkta olanlar dışarıda bir yerlerde hala ışık olduğunu bilsinler" diye yanıtladı. Bu, mutlu olmamın ve olduğum kişi ile yetinmemin hala bir katkı olduğu anlamına geliyordu (bu benim gerçekliğimi değiştiren bir gerçektir).

Birçok insan tüm dünyayı değiştirmek için yola çıkar ama bir şekilde kendilerini bu resmin dışında tutmayı başarır. Ya önce kendimizi değiştirerek dünyayı değiştirebilseydik? Bu iki boyutlu gerçeklikte yaşıyoruz: kutupluluk (doğru ve yanlış, iyi ve kötü, siyah ve beyaz) ve birlik (her şeyi, hatta kutupluluğu da içerir). Ya tüm evreni veya özellikle herhangi bir kişiyi değiştirmeye odaklanmamış olsaydık? Ya bize en uygun dünyayı yaratmak için bu realitedeysek? İşin komik yanı, bunu yaptığımızda otomatik olarak dünyayı değiştiriyoruz.

Tatmin edici bir ilişki arayanlar için, yapmanızı önereceğim şey şu: Kendiniz üzerinde çalışın ve bu dünyayı sizin için güzel kılmanın bir yolunu bulun; bu sizin olduğunuz enerjiye yansıyacaktır. Önce kendinizden başlamalısınız. İşte her şey burada başlıyor.

BÖLÜM 4

PARANIN ENERJİSİ: FORM VE YAPININ ÖTESİNDE

Nefesinizi gözlemleyin. Siz nefes alıp verirken, bir sonraki nefes içeri girmeye hazır sizi bekliyor. Bir sonraki nefesinizin mevcudiyeti ile ilgilenmezsiniz (olağandışı durumlar dışında). Genellikle kesintisiz ve zahmetsiz bir "tezahürdür".

Hava Enerjidir. *Para* da öyle.

Ya *Para* da hayatınızda *Hava* gibi daima hazır ve nazır olsaydı? Ya Para hayatınızda sorunsuz ve zahmetsizce ortaya çıksaydı? Ya her zaman harcayabileceğinizden daha fazla paranız olsaydı? Bu size nasıl hissettirirdi?

ENERJİ ALANININ İÇİNE ADIM ATMAK

Her şey Enerjidir - lezzetli ve algılanabilir. Dikkat edilirse, kelimelerden daha yüksek sesle konuşur. Aslında, Enerji bizim ilk dilimizdir. Bu nedenle, gözlerimizi kapatıp parayla çevrili olduğumuzu hayal ettiğimizde, sessizlikte bile bolluğun yankılanan titreşimlerini hissederiz.

Para, zenginlik veya zenginlik hakkında konuştuğumda, para birimi gibi kelimeleri de dahil ediyorum. İngilizcede para birimi, "devam eden bir enerji akışı akımı" anlamına gelir. Hayatımızda ortaya çıkabilecek zenginliğin boyutunu belirleyen şey, bu akışın sıklığındaki değişikliktir. Bu akışın sürekliliği ve tutarlılığı, paranın düzenli olarak hayatımıza girme kolaylığını belirler. Akış ne kadar fazlaysa, o kadar zenginiz.

TALEP EDİN. VE ALACAKSINIZ.

Bu kelimenin tam anlamıyla böyledir. Ne kadar çok soru sorarsak, aldığımız enerjik yanıtları takip ederek o kadar çok şey yaratabiliriz. Soru sormak bize seçim yapmamız için daha fazla olasılık verir.

Kendimize sorabileceğimiz en önemli sorulardan biri şudur: Bugün bana daha fazla para kazandıracak olan neyi hayatıma ekleyebilirim? Bu konuda tam bir netliğe sahip olmama izin vermeyen her şeyi, *godzilyon kez,* şimdi *hepsini yıkıp yaratımını iptal ediyorum.* **Right and wrong, good and bad, POD and POC, all 9, shorts, boys, POVADs and beyonds.**

Bir soru sormanın amacı enformasyon elde etmek içindir, mutlaka geleneksel bir cevap şeklinde bilgi edinmek değildir. Bununla ne demek istediğimi ayrıntılı olarak açıklayayım. İtalya'ya (New York şehrinden) taşınmaya karar verdiğimde, bir süre sakinleşmeyi, yeni ortamımda rahatlamayı, hatta belki bir kitap yazmayı planlamıştım. Tasarruf hesabımda güzel bir miktar para olduğu için, bu benim karşılayabileceğim bir lükstü. Bir gün, bu yeni ülkenin güzelliğine dalmak için dışarı çıktığımda, İtalyan tarzı muhteşem bir çantaya baktım. Bu ülkenin zengin moda kültürüne uyum sağlamak için mükemmel bir başlangıçtı.

Tezgahın arkasındaki satış elemanı banka kartımı geri vererek, "Üzgünüm hanımefendi, nakit paranız yok" dedi. İmkansız! "Elbette hesabımda para var," diye karşılık verdim. İşlemim nasıl reddedilmiş olabilirdi? Bu bir hataydı.

Oops. Hayır, değildi.

Kendisi için daha iyi bir vergi düzenlemesi olsun diye, kocam (daha sonra eski kocam) ve ben vergilerimizi birlikte vermeye karar vermiştik. Maalesef ayrıldığımızda vergilerini ödemeyi bıraktı ve hesabında haczedilecek parası olmadığı için IRS -Vergi Tahsilat Dairesi- bunu benim hesabımdan çekti. Adil olmak gerekirse, iki hafta içinde kendisinden haber almazlarsa parayı hesabımdan tahsil etmek zorunda kalacaklarına dair bir uyarı mektubu göndermişlerdi (çünkü artık ortak ödeme yapıyorduk). Bildirim New York adresime gönderilmişti, ancak ben onu almak için orada değildim. İtalya'daydım. Böylece, IRS -Vergi Tahsilat Dairesi- hesabımdan her şeyi çekti (biriktirdiğim para buydu). Bu oldukça pahalı bir çıkış planıydı.

İtalya'ya yerleşiyordum ve şimdi hiç param yoktu. Vay! Neyse ki nişanlımın (şimdi ikinci kocam olan) evinde oturduğum için en azından başımın üstünde bir çatım vardı.

Söylemeye gerek yok, ilk kocama aşırı derecede kızgındım. Kendisiyle iletişime geçtiğimde, IRS ile iletişime geçeceğini söyledi ve bana paramı geri ödeyeceğine söz verdi. Bunların hiçbirini yapmadı. Eski kocama karşı bu kinimi o kadar uzun süre tuttum ki, onu bırakana kadar kaybettiğim paradan daha fazlasını kazanmak için kendime izin vermedim. Bunu aştığım an, "bana paranın tamamını geri ödemek zorunda olduğu . . ." fikrini bıraktığım an mali durumum tamamen değişti. Ondan bana asla geri dönmeyen bu miktarı kabul ettiğimde, kendimi çok daha hafif hissettim. O anı fark ettim çünkü hikayeyi ter dökmeden ve kafam karışmadan anlatabilmiştim. Enerjik olarak, artık üzerimde bir etkisi yoktu. Bu olduğunda, iş görüşmeleri yapmaya başladım ve sonunda, bilinen ve bilinmeyen kaynaklardan para akıyordu.

Hangi kini besliyorsunuz ki, onu bırakırsanız daha fazla parayı alıp kabul etmenizi sağlayacak? Geçmiş bir durumun ne kadar para kazanabileceğinizi ve alıp kabul edebileceğinizi dikte etmesine izin verdiğiniz her yeri, godzilyon kez, şimdi *hepsini yıkıp yaratımını iptal eder misiniz, lütfen?* **Right and wrong, good and bad, POD and POC, all 9, shorts, boys, POVADs and beyonds.**

Her nerede bir alacağı – başka birinin size borçlu olduğu – ondan vazgeçmek yerine, bundan daha fazlasını yaratmak için kendi potansiyelinizden daha gerçek ve değerli kıldınız? Godzilyon kez, şimdi *hepsini yıkıp yaratımını iptal eder misiniz, lütfen?* **Right and wrong, good and bad, POD and POC, all 9, shorts, boys, POVADs and beyonds.**

Atölyelerimden birine katılan bir kişi, erkek kardeşinin ona nasıl borçlu olduğunu paylaşıyordu. Kendisi maddi olarak son derece iyi durumdaydı, ancak parasını kardeşinden geri almakla meşguldü. Böyle şeylerin bir ailede olmaması gerektiğine inanıyordu. Aile üyelerine bu şekilde davranılmaması gerektiğine inanıyordu. Belirli bir şeyin nasıl olması gerektiğine dair katı yargılarına tutunarak, hayatına daha fazla para girmesini engellediğinin pek farkında değildi.

Danışanlarım bana sık sık belirli bir kişinin onlardan aldığı parayı geri ödemesinin ne kadar süreceğini sorarlar. Onlara her zaman basit bir cevap veririm: Birine borç para verdiğinizde, onu asla geri almamaya gönüllü olun. Onlara hediye edin, ticaret yapın ya da hiç vermeyin, ama ne yaparsanız yapın, tüm enerjinizi paranızı geri almak için acı içinde beklemekle harcamayın.

Kafamda bir şeyler toparlanınca farklı sorular sormaya başladım. Bunu yaptıktan sonra, enerjilerin yoğunluğu önemli ölçüde azalmaya başladı. Şimdi öfke ve kinin ötesini görebiliyordum. Bu durum korkunç ve dramatik olmaktan çıktı. Kendime ait çok fazla param olmamasına rağmen, alıp kabul etmeye devam ettiğim enerjik tepkiler yine de bir süreliğine rahatlattı. Hepsi yerine oturacaktır. Akışına bırakmak gerek. Bu yüzden, hislerimi takip etmeye karar verdim.

Başka bir iş için acele etmedim. Bu yeni ülkede daha rahat bir gelecek için hazırlanmaya yatırım yapmayı seçtim. İlk önce ana dili öğrenmemin en iyisi olduğunu anladım. Bir ay boyunca yoğun İtalyanca derslerine gittim. Aynı zamanda evrenin bana sunduğu her fırsata açıktım. Evren bir dizi seçenek sundu ve sonra oldukça hafif hissettiren uygun bir açılım oldu. İtalyan bir kadına İngilizce öğretmeye başladım.

Daha sonra aynı kadın, uluslararası bir film festivalinde onunla çalışmam için beni işe aldı. Bu arada geçici olarak çeşitli müzik festivallerinde de çalıştım. Bu çalışma düzeni on yıl sürdü. Dünyanın dört bir yanından bazı harika insanlarla tanıştım ve hatta ünlü şarkıcı Ray Charles ile turneye çıktım. Ayrıca farklı diller konuştuğum için insanlarla olan deneyimlerim daha çeşitli ve zengindi.

Önüme ne teklif gelirse gelsin, hafif hissettiğimde evet dedim. Amerikalı bir adam için bir film bile yaptım. Beceri ve yeteneklerimin işyerinin birçok farklı sektörüne katkı sağlayabileceğini fark ettim ve her zaman işim vardı. Sonunda eski kocam yüzünden kaybettiğimden daha fazlasını kazanmaya başladım.

AKIŞINA BIRAKIN

Her türlü durum için daha fazla soru sormaya başladığımda, aradaki farkın keskin bir şekilde farkına vardım: Enerjik tepkileri geçersiz kıldığım ve ağır olduğunu bilsem de bir şey seçtiğim zamanlar geri tepti. Enerjik rehberlik sistemimle gittiğimde, akışla gittiğimde, hayat pürüzsüz bir denizde yelken yapmak gibiydi.

Enerjiyi takip etmek, ortaya çıkan her şeye ve her şeye evet demek değildir. Bu, farklı şeylerin ortaya çıkması için bir davet olmakla ve ardından şu soruyu sormakla ilgilidir: Burada daha fazlasını ne yaratacak? Ve onu seçmek! Tezahür ettirmek istediğimiz geleceği dikkate alan sorular sormak, her şeyden daha fazlasını yaratabileceğimiz farklı olasılıklar sunar. Önümüze çıkan seçeneklerden hangisinin daha hafif olduğunu belirlediğimizde ve en çok yaratacak olanı seçtiğimizde karşımıza başka bir ihtimal çıkar. Sonra bu seçimle ilgili başka bir dizi soru sorabiliriz. Şu anda bizim için en iyi seçimin bu olduğunu hissedene kadar bu alıştırmayı yapmaya devam edebiliriz.

Enerji çalışmasıyla ilgili en sevdiğim şey budur – onun dinamizmi. Her zaman aranacak, merak edilecek, araştırılacak ve anlaşılacak bir şey vardır. Ve sonra, birkaç soru daha sorun. Aydınlatıcı ve eğlencelidir. Bu sayede hiç sıkılmıyoruz ve enerji akışını takip ederek sürekli yaratma anlayışımız hiç durmuyor. Akış ne kadar fazlaysa, o kadar zenginiz.

BİLDİĞİNİZİ BİLİRSİNİZ

Bu, enerjiyi takip etmenin hayatımızı nasıl tamamen değiştirebileceğinin klasik bir örneğidir:

Bir Waldorf okulunda (Kanada'da) sekreter olarak çalışan genç bir kız, bulunduğu yerden memnundu. Bir gün bir milyoner, çalıştığı okula uğradı ve sahibiyle tanışmak istedi. Okulu satın almakla ilgileniyordu. Okulun (aynı zamanda sahibi olan) müdürünün sekreteri olan kız, bu gelişmeden haberdar oldu. Bu bilgiyi patronuyla paylaştığında, onun okulunu satmakla ilgilenmediğini fark etti. Ancak, sekreter farklı bir görüşteydi. Potansiyel alıcı kartvizitini bırakarak bu kızdan, okul sahibinin fikrini değiştirmesi durumunda kendisine haber vermesini istedi.

Bu yeni olasılığın hafifliği, kadına önemli ölçüde ilham vermişti. Bu konuda bir şeyler doğru geliyordu, ama yapabileceği hiçbir şey yoktu, çünkü okulun sahibi katıydı. Sahibinin nihai kararı hakkında bilgi vermek için alıcıyı aradığında ikisi konuşmaya başladılar. Sekreter projeye olan ilgisini dile getirdi ve orada bıraktı.

Kısa bir süre içinde bu işadamı başka bir Waldorf okulu satın alınca bu kadın da ona katıldı. Operasyon ve yönetsel becerileri, okulun katlanarak gelişmesine yardımcı oldu. Daha sonra aynı kadın okulu satın aldı. Zamanla, bir milyon doların üzerinde bir paraya okulu sattı, bu parayı başka bir yere yatırdı ve başka işler kurdu. Cathy Sawyer artık bir milyoner. Bir sekreterden çeşitli işletmelerin sahibine - bundan daha iyisi nasıl olabilir?

Birçok insan "multimilyoner" demeye bile cesaret edemiyor! Siz de onlardan biri misiniz? *Her nerede sizin durumunuz da böyleyse, multimilyoner kelimesini bile söyleyemediğiniz veya o ligin bir parçası olmayı hayal bile edemediğiniz her ne varsa hepsini, godzilyon kez* şimdi *hepsini yıkıp yaratımını iptal eder misiniz lütfen?* **Right and wrong, good and bad, POD and POC, all 9, shorts, boys, POVADs and beyonds.**

BİR FIRSAT BİR OLASILIK DEĞİLDİR

Her iki yaklaşımın belirgin şekilde farklı enerjileri vardır. Bu yaklaşımı bir örnekle açıklayayım. Başka bir okul hikayesi. Sınıflarımdan birinde bir kadın, bu ikisinin arasındaki farkı nasıl anlayamadığına dair hikayesini paylaştı.

Okul kurmaya hevesli olan bu kadın, onunla bir iş anlaşması yapmaya hazır birini arıyordu. Kapısını çalan ilk fırsatı yakaladı. Hemen kesin olarak bunun onun beklediği fırsat olduğunu varsaydı (ve sonuçlandırdı). Üç taraf vardı: finansörler (finansal kişiler), müşteriler (çocuklar) ve personel. Anlaşmayı bitirmek için çaresizce her adımı atmaya hazırdı. İronik olarak, ne zaman anlaşmayı tamamlamaya yaklaşsa, bir şeyler ortaya çıkıyordu. Bu çile yirmi ay sürdü. Sonunda, anlaşma dağıldı.

Daha sonra, destekçilerin aynı anda iki farklı iş adamıyla aynı anlaşmayı yapmaya çalıştıklarını keşfetti. Başından beri, kendini enerjik olarak ağır hissetmeye devam etmişti. Bütün çabalarına rağmen hiçbir şey yolunda gitmedi. Yine de, her şeye rağmen, bu realitenin kendisi için tezahür etmesini istemişti.

Olasılık ve *Fırsat* arasındaki farkı nasıl anlarız? Bir *Fırsat* bazen, bir tuzak kapısı gibi içi boş bir his uyandırabilir. Bu, sanki bir boşluğa düşmek üzereymişiz gibi baş dönmesi gibi gelebilir. Diğer zamanlarda, bir *Fırsat* bize bir tuğla duvara çarptığımızı veya çıkmaz bir sokağa geldiğimizi hissettirebilir.

Boşluk veya vertigo hissi, genellikle yolunda gitmeyen bir şey olduğunda veya bazı bilgileri kaçırdığımızda ortaya çıkar, tuğla duvar ise bir barikata geldiğimizde hissettiğimiz şeydir. Her iki durumda da, er ya da geç aynı sonuca varırız: gidecek hiçbir yer yok. Sanki başlangıçta güzel görünüyordu ve güzel kokuyordu, ama bu sadece bir dikkat dağıtıcıydı. İster baş dönmesi hissi, ister tuğla duvar hissi olsun, ikisi de bir *Fırsatın* göstergesidir. Biri bizi bir dolandırıcılığa sürüklüyor; diğeri güzel görünüyor, ama bu bir yanılsamadır. O duvarın arkasında hiçbir şey yoktur.

Bir *Olasılığın* enerjisi oldukça farklıdır. Heyecan, neşe ve eğlence dolu ve ondan gelen her zaman daha fazla soru ve daha fazla seçenek var. Hiç bitmeyen bir olasılıklar otoyolunda olmak gibi. Bir *Fırsatla* karşılaştığımızda hissettiğimiz baş dönmesi birdenbire sanki dibi düşmüş gibi hissettirse de *Olasılıkta* çatı kalkmış ve artık "sınır gökyüzü" gibidir.

İşte daha net bir resim elde etmek için sorabileceğimiz birkaç soru:

Bu bir fırsat mı yoksa bir olasılık mı?

Bunu seçersem bugün gelecekte hayatıma bir şeyler katar ve bana daha çok para getirir mi?
Bu bir yatırım mı yoksa masraf mı? (zaman, para, enerji)
Kendimi hazırlamadığım gelecek nedir?
Benim görmediğim para nerede?
Şimdi parayı alabilir miyim lütfen?

Aşağıdaki sorular kişisel favorilerimden bazıları:
Burada bana bazı farklı seçimler verecek ve farklı olasılıklar sunacak hangi soruyu sorabilirim?
Burada neye bakmaya gönüllü değilim?
Buna farklı bir bakış açısından nasıl bakabilirim?
İşte bu soruların sunduğu üç harika hediye:

1. Farklı bir seçimin enerjisinin farkındalığı
2. Birisi oyaladığında veya yalan söylediğinde ortaya çıkan enerjinin farkındalığı
3. Doğru zaman olmadığı enerjisinin farkındalığı: çok geç, çok erken veya şu anda en iyi seçim değil

Bu üç enerjiyi tanımaya gönüllü olduğumuzda, bu bize devam eden çıkmaz durum hakkında veya başlangıçta geniş bir olasılık gibi görünen ama zamanla sınırlı bir fırsat olduğu ortaya çıkan şey hakkında yeterince netlik ve seçim sunar.

Bir tür anlaşmaya varıldığında veya biri bize keşfedilecek bir olasılıktan söz ettiğinde – diyelim ki, bir ev, gezi, araba, iş anlaşması – sorulması gereken bazı iyi sorular şunlardır:

Benim için burada eksik bir bilgi mi var?
Bu anlaşmaya kaç kişi dahil?
Bu konuda başka biriyle konuşmam gerekiyor mu?
Devam et noktasına gelmeden önce kaç tane engeli / farklı kişiyi aşmam gerekiyor?

Örneğin, satın almak istediğimiz bir evse:

Bu ev ne zamandan beri piyasada?
Birçok kez el değiştirdi mi?
Borçsuz mu?

Burada satın almamı engelleyecek herhangi bir aile karışıklığı veya başka dolanıklık var mı?

Biri bize bir ortaklık, yeni bir girişim veya iş teklifi teklif ederse:

Buradaki değerli ürün kimdir veya nedir?
Bu şimdi ve gelecekte bir fırsat mı yoksa bir olasılık mı?
Bu anlaşmayı imzalarsam beş yıl sonra hayatım ve para durumum nasıl olacak?
Bunun yerine başka bir şey yapmayı seçersem beş yıl içinde hayatım ve para durumum nasıl olacak?
Bunu seçersem gezegen elli yıl sonra nasıl olacak?
Bu benim gitmeyi arzu ettiğim yerle uyumlu mu?
Bu bir katkı olacak mı?

Son soruya gelince – Bu bir katkı olacak mı? – Herhangi bir şey belirtmezsek (örneğin, "Bana mı, hayatıma mı, yoksa hedefime mi katkıda bulunur?"), evren HER ŞEYİ dikkate alır. Karar vermemize yardımcı olması için evrenden bilgi almaya istekli olduğumuzda aldığımız enerjik tepki, kavramsal becerilerimizi kullanarak ulaşabileceğimiz herhangi bir hesaplama veya çözümden çok daha doğru ve kapsamlıdır.

Beş yıl içinde ne yaratacağını sorduğumuzda, enerjisel farkındalığın önüne geçebilecek her türlü akıl yürütme becerisini es geçiyoruz. Gary Douglas haklı olarak, en rasyonel düşünürlerin bile her bir artı ve eksiyi anlaması için beş yılın genellikle uzun bir süre olduğunu söylüyor. Aldığımız şey, bu seçimin hayatımızda yaratacağı enerjinin hissidir. Ardından, soruyu sorduğumuzda hissettiğimiz duygunun, hayatımızda daha fazla olmasını istediğimiz bir enerji olup olmadığını sorabiliriz. Genişleme ve hafiflik hissi ise, o zaman muhtemelen bizim için daha fazla kolaylık yaratacak ve bizi arzuladığımız hayata yaklaştıracak bir şeydir (nasıl elde edeceğimizi henüz çözememiş olsak da).

PROBLEM-ÇÖZMEK ÇÖZÜM DEĞİLDİR

Problem odaklı veya muhteşem problem çözücü olduğumuzda, problemi tanımlamaya daha fazla konsantre olma eğilimindeyiz. Eğer yoksa, çoğu zaman farkına bile varmadan bir tanesini aklımıza getiriyoruz. Neredeyse hayatımızdaki o problem titreşimini özlüyormuş gibi.

Her nerede sorunları çözmede çok iyi olduğunuz için, işinizi kaybetmeyin diye onları yaratmak zorunda kaldıysanız, hepsini şimdi *godzilyon kez yıkıp yaratımını iptal eder misiniz, lütfen?* **Right and wrong, good and bad, POD and POC, all 9, shorts, boys, POVADs and beyonds.**

Benzer şekilde, zorlayıcı durumlardan kaçınmaya çalışırken, genellikle önce onları çağırırız, böylece ne istemediğimiz konusunda netlik kazanabiliriz. Sonra bu durumu değiştirmeye ve onun enerjisini değiştirmeye başlarız. Ya sadece zorlayıcı olmayan, hiç sorun olmayan buna rağmen bir olasılık olan şeyi seçebilseydik?

Genellikle zorlu sorunlu enerjileri yakalamada oldukça iyiyiz, ancak çoğu zaman kendi içgüdülerimizi takip etmeyiz. Olumsuz düşünce ve yargılara kapıldığımıza inanmamız için zihnin bizi kandırmasına izin veririz. Para, etrafındaki tüm enerjilere sahip olabilir – zorlayıcı, sorunlu, ağır, yargılayıcı. Bazen birkaç soru kendini tekrar ediyormuş gibi görünebilir ama her sorunun enerjisi ufak bir ince ayar ile (ki bu her zaman farklıdır) ve siz bunu anlayınca, anlarsınız. Gerçeği bulmanın en basit yolu, bazı sorular sormak, o anda sizin için en uygun olanı seçmektir. Bu yüzden, aynı soru gibi görünse bile sormaya devam edin. Aşağıdakiler bunun için örneklerdir:

Bu durum akıyor mu? Yerinden kımıldamıyor mu?
Burada belirgin olmayan gizli bir tuzak kapısı, bir tuğla duvar veya bir zorluk var mı?
Burada aldığım bu garip titreşim nedir? Bu ben miyim, başka birisi mi yoksa başka bir şey mi?
Enerjimi başka bir yere koysaydım daha mı kolay ve keyifli olurdu? Bu bana daha fazla para getirir mi?
Bu şimdi ya da gelecekte benim için bir yatırım mı (zaman, enerji, para) veya bir masraf mı?
Bu benim zamanıma, enerjime ve parama değer mi?
Enerjimi başka bir yere koysam bana daha kolaylıkla daha fazla para yaratır mı?

Bir durum hakkında hüsrana uğrarsak, neler olduğunu anlamanın ideal bir yolu şu soruları sormaktır:

Bu hayal kırıklığı enerjisi nedir?
Burada yanlış bir şey mi var?
Burada bir yerde yalan mı var?
Benim bakmadığım bir şey mi var?

Bu sorular genellikle bizi durumdaki netliği görmemize yetecek kadar sakinleştirir. Durumla aramızda yeterli mesafe yaratır.

Daha iyi netlik için daha fazla soru sorabiliriz.

Kaç kere benim sabit bakış açım, ortada bir problem yokken, bir problemin filizlenmesinde etkili oldu?

Gelecekte kendimi böyle bir kriz durumunda bulmamak için ne kadar fazla farkında olmaya gönüllüyüm? Beni büyümeye doğru ilerlemekten alıkoyan her şeyi, şimdi *hepsini godzilyon kez yıkıp yaratımını iptal ediyorum.* **Right and wrong, good and bad, POD and POC, all 9, shorts, boys, POVADs and beyonds.**

Bu gibi durumlar için ideal olan bir diğer güçlü araç ise onu sonsuz yapmaktır. Temel olarak, durumun yoğunluğunu genişletmeye devam edin ve yavaş yavaş artık kurşun bomba gibi hissettirmeyecektir.

Problemin merkezine bir balon koyduğunuzu hayal edin. O balonu şişirmeye başlayın. Daha büyük ve daha büyük. Balon genişledikçe ya problem daha yoğun ve gerçek bir hal alır ya da parçalanır ve daha moleküler hale gelir. Balonu daha fazla şişirin. Onu evren kadar büyük yapın. Şimdi duruma tekrar bakın. Hala yoğun güçlü mü yoksa şimdi daha mı hafif?

Bu, durumun hangi kısmının yalan olduğunu gözlemlemenin harika bir yoludur. Şimdi aynı şeyi sizin için iyi giden, size neşe getiren bir durum için yapın. Durumun merkezine bir balon koyun ve şişirin. Onu evrenden büyük olana kadar üfleyin. Bu durum şimdi nasıl hissettiriyor? Hala neşeli mi? Doğru olan kısmı kabul edin. Neşeyi. Problemler genellikle yalandır ve onları sonsuz, evrenden daha büyük yaptığınızda ya yok olurlar ya da yoğunluklarını kaybederler. Neşeli bir şeyi alıp onu sonsuz hale getirdiğinizde, genellikle size daha da derin bir neşe duygusu getirir.

Belirsizlik durumunda, topun yuvarlanmasını sağlamak için daha fazla soru keşfedin:

Top yuvarlanmak istiyor mu?
Top zıplamak mı istiyor yoksa başka bir şey mi yapmak istiyor?
Bu top benim için mi yoksa başkası için mi?
Burada başka ne gerekli?
Burada daha önce hayal bile edemediğim başka ne olabilirim ya da yapabilirim?
Tamam, durum düşündüğüm gibi çözülmediğine göre, başka neler mümkün?

GEVŞEMENİZİN ZAMANI GELDİ

Belirli bir durum hakkında her soru sorduğumuzda kendimizi ağır hissetmeye devam edersek, bu, cevapları nasıl veya ne zaman alıp kabul etmek istediğimiz konusunda çok katı olduğumuz anlamına gelebilir. Örneğin, "Beklediğim bu değildi." Veya "Üzgünüm, Evren; Pazar günleri çok meşgulüm, o yüzden bırakalım 'cevap' başka bir güne kalsın." Veya "Hayır, Perşembe geceleri de olmaz. En sevdiğim oyunları bu gece izliyorum."

Evren bize her durumda her zaman en iyi çözümü sunar. Hiçbir şey hakkında bir bakış açısı yoktur. Herhangi bir konuda bol miktarda bilgiye sahip olmasının nedeni tam olarak budur. Çok fazla bakış açımız olduğunda ve cevabın ne olması gerektiği veya cevabın nasıl görünmesi gerektiği (bu durumda, para) veya onu alıp kabul etmek için uygun zaman konusunda çok titiz olduğumuzda, muhtemelen en iyi seçenek bile olsa, reddederiz. Dolayısıyla, ortaya çıksa bile, olasılıkları sabit bakış açılarına katılaştırarak vizyonumuzu daralttığımız için onu göremiyoruz veya tanıyamıyoruz. Ah, evet ve arkadaşım Dain Heer'in dediği gibi, "ASLA olması gerektiğini düşündüğümüz şekilde ortaya çıkmaz."

ONLARI YARGILAMAYIN

Yargılar – olumlu ya da olumsuz – katkıda bulunan enerjilerin bize ulaşmasını engelleyen sabit bakış açılarıdır. Yargıladığımız insanlardan gelen iltifatları kabul edemeyiz. Bir şeye veya birine karşı bir direncimiz olduğunda, bu, almak istemediğimiz bir alandır. Örneğin canımızı sıkan insanlardan kolay kolay para alamayız. Sabit, dar bakış açılarımız, yargılarımızın ötesinde olanı görmemize izin vermez.

Daha sonra, ahlaki kararlarımızın veya etik duruşumuzun (çoğunlukla yargılarımızın) bazı insanlardan herhangi bir şey alma konusundaki isteksizliğimizi haklı çıkardığı konu kategorileri vardır, çünkü bunun yanlış olduğuna zaten karar vermişizdir. Örneğin, kanserden ölmekte olan insanlardan ücret almamayı tercih ederiz. Ya da hüküm giymiş bir hırsızdan ya da kötü şöhretli bir kişiden para almak istemeyiz. Tüm evrenden bolluğu alıp kabul etmemizi engelleyen (herhangi bir türden) yargılarımızdır. Ve bu yargıları nasıl inşa ederiz? Onları diğer insanların gerçekliklerini satın alarak elde ederiz.

Annemle babamın yargılar konusunda taban tabana zıt olduğu bir ailede büyüdüm. Annem hayattaki hemen hemen her şey hakkında en az kanaat sahibiyken, babamın her şey ve herkes hakkında söyleyecek bir sözü vardı. Sonradan, daha çok annem gibi olduğumu anladım. Çevremdeki birçok şey hakkında rahattım. Beni şaşırtan fazla bir şey yoktu.

Örneğin, ergenliğimin sonlarındayken, geylere, transseksüellere ve travestilere danışmanlık yapmakta uzman olan bir kadın terapist tarafından işe alındım. Bu dünyayı ilk defa bu kadar yakından görüyordum. Yine de hiçbir şey bende skandal yaratmadı. Terapistin adı Michelle'di, cinsiyetini değiştirmişti. Daha önce adı Michael'dı, iki çocuk babasıydı. Şimdi başka bir kadınla yaşıyordu. Geleneksel Boston'dan gelmeme rağmen, bu tür bir yaşamı ilginç buldum. İnsanların cinsel tercihleri veya yönelimleri benim için hiçbir zaman önemli olmadı.

Bir keresinde, Noel'de, farklı cinsel yönelimlere sahip insanlarla bir partide Michelle'e eşlik ettiğimde, gerçekte kim oldukları konusunda bu kadar dürüst ve açık olan insanları görmek benim için büyüleyiciydi. Onlara sadece hayranlığım vardı. Genel olarak, bilinçaltımda bariyerlerimin büyük bir kısmı çöktüğü için, her şeyin dahil olduğu kendi evrenimi inşa etmiştim.

Kim olduklarına, kimi sevdiklerine veya yaşam tarzı olarak neyi seçtiklerine dair bir bakış açınız olmasaydı, herhangi birinden ve herkesten ne alıp kabul edebilirdiniz?

BAŞKALARINI MANİPÜLE ETMEK KONUSUNDA YARGISIZ OLMAK

Manipülasyonu her zaman bir tür psikolojik işkence veya istismar olarak görmüşümdür. Bunu hiç bu şekilde ifade etmemiş olsam da, bir gün biri beni iyi bir *Manipülatör* olmakla suçladığında bu bakış açısına sahip olduğumu fark ettim. Utandım. Access Consciousness'ın kurucusu Gary Douglas, *Manipülasyon* konusunda bana farklı bir bakış açısı verdi. "İnsanları henüz karar vermedikleri şeyleri yapmaya davet etmek için *Manipülasyon* becerilerinizi kullanıyor musunuz? Onları kendi hayatları için daha büyük bir şey seçmeye teşvik etmek için mi kullanıyorsunuz?" Bu, yaptığım şeyin enerjisiyle çok daha fazla eşleşiyordu: İnsanların hayatlarına daha fazlasını davet etmelerine yardımcı olmak için *Manipülasyon* becerilerini kullanmak. İnsanların kendi potansiyellerini fark ettikleri ve daha fazlasını yaratabileceklerinin ve alıp kabul edebileceklerinin farkına vardıkları bir alan. Bu farkındalıktan sonra *Manipülasyon* ile eğlenmeye başladım ve o kadar bariz yaptım ki insanlar buna gülüyorlardı, daha büyük bir şeyi daha kolay seçecekleri apaçık ortadaydı. Ayrıca *Manipülasyonu* kendim alıp kabul etmeye, kendi hayatımda daha fazlasını seçmek için *Manipüle* edilmeye daha fazla gönüllü oldum.

Örneğin, Access Consciousness'ın tüm canlı ve yazılı çevirilerini yönetirken, işler katlanarak büyüdüğü için Gary benden ekibi genişletmemi istedi. Bunu yapmakla ilgili endişemi gözlemleyerek, "Ya bu rolden terfi edip uluslararası bir iş yürütseydin, bunun sadece tek bir parçalık kısmıyla yetinmeseydin?" diye sordu. İlk başlarda buna karşı dirençliydim. *Artık süpervizör olarak bir işim olmayacak mı?* Dehşet içinde merak ediyordum. Sakinleştikten sonra sorular sordum ve Access araçlarıyla çalışmanın benim için daha fazla büyümeyi içeren bazı farklı olasılıklarını fark etmeye başladım. O zaman, Gary'nin beni, mümkün olduğunu düşündüğümden daha büyük bir şeyi seçmem için nasıl "manipüle ettiğini" anladım. Bu *Manipülasyon* bana kendi şirketimi kurmak için ilham verdi, bugün uluslararası bir işim var, başkalarını hayatlarında ve işlerinde daha fazlasını yaratmaya davet ediyorum. Bundan daha iyi nasıl olur?

Başlangıçta, manipülasyona direnmiştim. Şimdi, kabul edebileceğiniz veya reddedebileceğiniz bir davetiye olabileceğini görüyorum. Ya bu sadece ilginç bir bakış açısı ise? Ya biz buna direnmek yerine şunu sorsak: Bu benim için daha fazlasını yaratacak mı?

Yargımın farkındalığımdan üstün *gelmesine izin verdiğim her yeri,* şimdi *hepsini godzilyon kez yıkıp yaratımını iptal ediyorum.* **Right and wrong, good and bad, POD and POC, all 9, shorts, boys, POVADs and beyonds.**

Bir anneye çocuklarını manipüle etmesini tavsiye ettiğimi hatırlıyorum. Çocukları neredeyse her zaman cep telefonlarına yapışmışlardı. Akşam yemeği sırasında bile. Bu uygulamayı durdurmak için epeyce taktik denemişti ama başarısız olmuştu. Tatlıları sevdiklerini öğrendim. Tatlı yemekten zevk almak istiyorlarsa, çocukları bir süre aletlerini bırakmaları için manipüle etmesini anneden istedim. Herhangi bir alete bu kadar uzun süre bağlı kalmanın sağlıkları için kötü olduğu yargısına sahipti, ancak bu gerçeği kendi başlarına anlamalarını istedi. Bu taktiği denemesini önerdiğimde, yapmaya gönüllüydü. Anlaşma şuydu: tatlıları yemek için teknoloji içermeyen bir odaya girmeleri gerekiyordu. Çocuklar, telefonlarında oyun oynamaktansa tatlı yemeyi tercih ettiler. Sadece bu değil, en sevdikleri tatlıları yerken, aile birlikte kaliteli zaman geçirmenin de tadını çıkardı.

İşte umutsuzluk anlarında veya başka zamanlarda da sorabileceğimiz birkaç soru:

Umutsuz olmayı seçmeseydim, farkındalığım ne olurdu?

Bununla ilgili benim anlamadığım doğru olan şey nedir?
Gerçekliğimin değişmesi için bugün hangi farklı seçimleri yapabilirim?
Hangi seçimi yapmaya gönüllü değilim ki, eğer gönüllü olsaydım, bu durumu değiştirirdi?
Kriz yaratmanın nesini seviyorum?

YARGILARI DAHA İYİ ANLAMAK

Bir yargıya vardığımızda şu soruları sorabiliriz:

Ne olmayı reddediyorum ki, eğer olmaya istekli olsaydım, beni özgür kılacaktı? (Bu, Access Consciousness'ın birlikte yaratıcısı ve Kendin Ol, Dünyayı Değiştir kitabının yazarı Dr. Dain Heer'den bir hediyedir.) Bunu kendi yararıma nasıl kullanabilirim?
Neyin farkında olmaya gönüllü değilim ki, eğer gönüllü olsaydım, realitem gözle görülür bir biçimde değişirdi?
Burada yargımın ve sonuçlandırmamın şu ana kadar görmeme izin vermediği hangi farkındalık ve dikkate değer başka ne var?
Ya dünyadaki tüm dönen tartışmaları ve onlar hakkındaki tüm yargıları para kazanmak için kullansaydım?

İnsanlar yargılama hakkına sahip olduklarına inanırlar. Neredeyse her şey hakkında sabit bir bakış açısına sahiptirler. Ya onların yargılarını kendi yararımıza kullanabilirsek?

İtalya'da Akdeniz Film Festivali için çalışırken, bir Fransız teknik uzmanının irtibat kişisi olmam istendi. Bütün gün ona eşlik ettim ve ihtiyacı olan her şeyi hallettim. Yoğun günün sonunda ikimiz de oturup şarap yudumlarken bana dedi ki, "Demek Amerikalısın! Onları hiçbir zaman gerçekten çok sevmedim. Kendilerini dünyanın merkezi sanıyorlar." Tepki verebilir, savunma yapabilirdim. . . Biri bize bir çengel attığında yaptığımız tüm o olağan şeyleri yapabilirdim. Bunun yerine sakince cevap verdim, "Biliyor musun, kesinlikle haklısın. Kendini evrenin merkezi sanan Fransızlar gibi değildirler." Güldü ve güldü ve güldü. Sonra kadehini kaldırdı ve "Şerefe, birbirimizi çok iyi anlıyoruz" dedi. O andan itibaren, birlikte çalışırken harika zaman geçirdik. Sonrasında benim hakkımda harika bir bonservis de verdi. Bu insanların yargılarını kendi yararımıza nasıl kullanacağımıza dair klasik bir örnektir.

Yukarıda bahsedilen yaklaşımın dışında, hassas manipülasyon becerisini öğrenmek, kendimiz ve diğer herkes için gelir akışlarını artırmamıza da yardımcı olabilir. Daha büyük bir şey yaratmak için insanların yargılarını kullanmaktan bahsediyorum. Sabit bakış açılarımıza kapılır ve insanların yargılarına veya davranışlarına direnmeye ve tepki vermeye başlarsak, o zaman kendimizi yargılamaya başlar ve olasılıkları ortadan kaldırırız. Bunun yerine, herhangi bir bakış açısına sahip olmamaya gönüllüysek, bir yargıyı, kolayca hayatımızdaki kolaylık, neşe ve para akışını artıran bir olasılığa dönüştürebiliriz.

YARGILAR ÜZERİNDEN PARA YAPMAK

İnsanlar olarak, bir yargıya tepki verme konusunda doğuştan gelen bir eğilimimiz vardır – olumlu ya da olumsuz. Ya olumlu bir yargıyla aynı fikirde olup uyum gösteririz ya da olumsuz bir yargı karşısında savunma yapar ve direnç gösteririz. Bu enerji akışını durdurur. Birinin yargısına – onun gerçeğine – karşı savunma yaptığımızda, bunun doğru olmadığını kanıtlamaya çalışırız. Savunmakla o kadar meşgulüz ki önümüze çıkan sayısız seçeneği gözden kaçırıyoruz. Uyum sağladığımızda ve aynı fikirde olduğumuzda, onların gerçeğini satın alır ve soru sormayı ve diğer olasılıkları araştırmayı veya alıp kabul etmeyi bırakırız. Bir yargıya tepki vermekle meşgul olursak, bunun ötesinde bir şeyi nasıl yaratacağız? Nasıl katkı olacağız ya da katkı sağlayabilecek bir şey bulacağız?

Gary Douglas'ın, "İyi ya da kötü, direnmediğiniz, alıp kabul etmeye hazır olduğunuz her yargı için yılda 5.000 dolar daha fazla kazanıyorsunuz" dediğini hatırlıyorum. Kendi kendime düşündüm, işte daha fazla para kazanmanın ilginç bir yolu.

"O bir züppe!" - "Teşekkürler!"
"O bir pislik!" - "Çok teşekkür ederim!"
"Her zaman çok küstahsın."—"Teşekkür ederim!"
"Bu kirli para." (Yargı yok)

Çoğu zaman paranın enerjisini reddediyoruz çünkü dünyada dolaşan paranın çoğu hakkında yargıda bulunduğumuz şeyler tarafından üretiliyor. Örneğin, silah ticareti, uyuşturucu, insan kaçakçılığı, soyu tükenmiş hayvanlar vb. Çoğu zaman bunun enerjisini algılarız. O parayla temasa geçtiğimizde tepki vermemek bizim için zor olabilir, ama ya değişimin temsilcisi olmaya gönüllüysek? Olduğumuz dönüşüm enerjisi olarak, paraya bağlı olan enerji ne olursa olsun, ya onun enerjisini değiştirebilseydik ve dünyada daha az yerine daha fazla bilinç yaratmak için kullanabilseydik?

YARGILAR YÜZÜNDEN PARA KAYBETMEK

Alıp kabul etmeyi istemediğimiz her yargı için 10.000 dolar açığımız var. Oops! Nedenmiş? Yargı, birinin sıkışıp kaldığı yoğun bir enerji bloğudur. O bloğu bize attıklarında ve biz ona direnirsek, sonunda biz de onların ağır enerji bloğuna hapis oluruz. Hayatımızda daha fazlasını yaratmayı bırakıyoruz çünkü bu yargıyı kendimizden daha değerli kılıyoruz.

Başkalarının yargıları bizi değiştirir mi yoksa iyileştirir mi? Hayır. Onlar sadece onların bakış açılarıdır. Onlar gerçek değil. Onları kabul ederek veya direnerek onları gerçek ve katı hale getiriyoruz.

Bunu bir düşünün – biri bizi olumsuz yargıladığında kendimizi kötü hissetmiyor muyuz? Bu bizim enerjimizi emiyor, değil mi? Bir iltifatı kabul ettiğimizde (ki bu genellikle bir yargıdır), o belirli bakış açısına hapis oluruz. Gerçekte, biz her zaman tek bir özellikten daha fazlasıyız, değil mi?

Onlar hakkında bir bakış açım olduğu için, hayatımı, yaşamımı, banka hesabımı sınırlayan, alıp kabul etmeye gönüllü olmadığım tüm yargıları, şimdi *hepsini godzilyon kez yıkıp yaratımını iptal ediyorum.* **Right and wrong, good and bad, POD and POC, all 9, shorts, boys, POVADs and beyonds.**

OLMASINA İZİN VERMEK ...

İzin vermek – herşey sadece ilginç bir bakış açısıdır demektir. kötü değil; iyi değil; bu sadece ilginç bir bakış açısı.

> Onlar kötü insanlar çünkü başkalarının üzerinden para kazanıyorlar. (İlginç bir bakış açısı)
>
> Onlar iyi müşteri değiller çünkü sürekli indirim almaya çalışıyorlar. (İlginç bir bakış açısı)
>
> Onlar eziktir çünkü faturalarını asla zamanında ödemezler. (İlginç bir bakış açısı)

Diğer insanların nasıl olduğu, nasıl para yaptıkları, nasıl para harcadıkları veya faturalarını nasıl ödedikleri hakkında hiç bir bakış açımız olmasaydı, her zaman tüm insanlardan para alabilirdik. Değil mi?

TEMEL BİLGİLERDEN BAŞLAYIN

Bazen dünyaya (hatta kendimize) bir şeyler "yapmamız" gerektiğini kanıtlamak için acele ederiz. Daha fazlasını yaratmak için eylem modunda olmalıyız. Bu aceleyle, genellikle bize gerçekten katkısı olmayan şeyler yapmaya başlarız.

Bazı temel gerçekler hakkında net olmadan kaç kez doğrudan çabalara daldık? İşte biraz şeffaflık elde etmek için birkaç yararlı soru:

Şu anda benim için en iyi hareket bu mu?

Şimdi zamanı mı?

Hatta bu aslında, şu anda hayatımla alakalı mı?

DAYANIN... *SESSİZLİĞİ* DİNLEYİN

Evrene sorular sorduğumuzda hemen cevap aramak için atlamak zorunda değiliz. Farkındalığımız rehberlik sistemimiz olsun. Bir dakika bekleyin. Örneğin, "Gerçek, bu projeyi/girişimi/geziyi yapmayı seçersem beş yıl sonra hayatım nasıl olacak?" diye soruyoruz. Bedenimizdeki hissi ya da evrenimizde, sorduğumuz soru hakkında bize bilgi verecek hissi alana kadar dayanmak zorundayız.

"Gerçek, bunun yerine farklı bir proje/girişim/gezi yapmayı seçersem beş yıl sonra hayatım nasıl olacak?" İkinci hipotezin enerjisini alana kadar beklemek zorundayız.

Şimdi iki enerjiyi karşılaştırabiliriz. Hangi seçeneğin bizi daha hafif hissettirdiğini kontrol edin. Eğer bir fark hissetmiyorsak, sorun değil. Endişelenecek bir şey yok. On dakika sonra tekrar deneyin. Aynı proje hakkında aynı iki soruyu sorun. Devam edin. Bu tür süptil enerjileri tanımak epey zamanımı aldı. Tutarlı çabalarla, şimdi bunu net bir şekilde algılayabiliyorum. Hayat artık çok daha basit. Çoğu zaman, Access Consciousness'ın en basit ama etkili sorularından birini soruyorum: *Bundan daha iyi nasıl olur?*

%10 TASARRUF EDİN. MİLYONER OLUN.

On iki yaşında para kazanmaya başladım. Büyükannem gümüş takımlarını parlatmak için bana para verdi. Briç (kart oyunu) turnuvaları için masaları hazırlamasına yardım ettiğimde de bana para verdi. On üç yaşında, bazı garip işler yaptım. On dört yaşında bir dondurma kamyonunda dondurma sattım. Ergenlik yıllarım boyunca birçok okul sonrası ve yaz işi yaptım. Üniversitede üç işte çalıştım.

Para kazanmaya başladığımdan beri babam bana tasarruf kavramını öğretti. Her kazancın %10'unu bir kenara koymanın yararları konusunda beni eğitti. Keşke onu özenle dinleseydim, bugün muhtemelen milyoner olurdum. Bu uygulama konusunda sadece yetişkin hayatımda ciddiyet sahibi oldum.

Access Consciousness da aynı felsefeyi öğretir. Kazandığınızın %10'unu bir kenara koyma pratiği, zenginlik hakkındaki bakış açınızı kökten değiştirir. Düzenli olarak biriken para bolluk hissi verir. Aydan aya bir maaş senaryosu değil. %10'unu bir kenara koymak alışkanlık haline geldiğinde aslında paraya sahip olma hissini yaşıyoruz. "Görüyorsan, inanıyorsun" – hayatımızın her anında bolluk içinde bulunmanın bu düşünce süreci daha fazla zenginliği çekiyor. İyi bir meblağ biriktirdikten sonra, bunu bize daha fazla para kazandıracak güvenli bir girişime yatırmayı seçebilir veya paranın erimesini sağlayacak bir şey yapabiliriz. Para çoğalır ve daha fazla para getirir.

Bu uygulamayı titizlikle takip etseydik ne olurdu? Milyoner olurduk. Ya aslında multimilyoner olursak?

Para kazanmanın, para davet etmenin ve paranın tadını çıkarmanın tonlarca yolu vardır. Yargısızsak, sorun odaklı değilsek, olasılıkları arıyorsak ve sadece fırsatları takip etmiyorsak; kıyamet ve kasvet, dram ve travmadan çok hafiflik ve neşeyle ilgileniyorsak, para bizi seve seve bulur.

Sorular surun. Bolca. Bu yöntem bize her durum hakkında netlik kazandırmaya devam edecektir. "Sorular sormak ve onların enerjik yanıtlarını almak" konusunu bir kez kavradığımızda, akışa nasıl ayak uyduracağımızı otomatik olarak bileceğiz. Sezgilerimiz bize daha sonra ne yapacağımız konusunda güçlü sinyaller verecektir. En önemlisi, aldığımız HERHANGİ bir miktarın %10'unu biriktirmeye başlamalıyız. İnanın bana, bu uygulama çok yardımcı olacaktır.

Access Consciousness'ta Para hakkındaki inanç, paranın neşeyi takip ettiğidir. Kendimize sormalıyız: *Bolluğun akışına girmeye, neşe ve para dalgasını sürmeye gönüllü müyüz? Buna izin vermeyen her* şeyi, şimdi *hepsini godzilyon kez yıkıp yaratımını iptal ediyoruz.* **Right and wrong, good and bad, POD and POC, all 9, shorts, boys, POVADs and beyonds.**

BÖLÜM 5

KARİYER KODU: GELECEĞİNİZİ TASARLAYIN

"Gerçekten üzgünüm; teklifinizi kabul edemem. Bundan sonra ne yapmak istediğimden emin değilim ama yolları değiştirme zamanının geldiğine eminim," dedim kıdemli bir iş arkadaşıma. New York'un en seçkin otellerinden birinde yönetici pozisyonu için beni önermişti. Yaklaşık on yıldır bu sektörde çeşitli görevlerde bulunmuştum. Beklenmedik bir olayda işimi kaybetmiştim. Bu muhteşem teklifi kabul etmek, atılacak uygun bir adım olurdu. Yakışıklı maaş. Muhteşem avantajlar. Bir işim yok iken bir iş. Daha ne isteyebilirim ki?

Çok daha fazlası.

Geleneksel olarak orta yaş krizi olarak tanımlanabilecek olanın kavşağında dururken, ben seçim özgürlüğünü seçtim. Bundan sonra gerçekten neyi yaratmak istediğimi görmek için gerekirse uzun süre rahatsız olmaya gönüllüydüm. Kendime, "Hiçbir çekingenlik, endişe ve korku olmadan yeni ufuklar keşfetmem ve çıtayı daha yükseğe koymam için ne gerekir?" diye sordum. "Yapmayı ve herhangi bir şey olmayı seçebilseydim ne yapmak isterdim?" bilinçaltımda hüküm süren bir sorudur. İşin garibi, Access'i duymadan önce de ben bu araçlar oluyordum.

Bazen bir ara vermek, zaman tanımak önemlidir, böylece gerçek arzularınızın meyve vermesi için o mükemmel anı yakalarsınız. Vaftiz kızlarımdan biri geçenlerde bir sosyal medya platformunda şunu yazdı:

"Görünüşe göre zaman kaybediyorum." Kaybediyor muydu? Onu yoklamak için aradım.

Beklemenin mutlaka ertelemeyi sembolize etmesi gerekmez. Farkı nasıl söyleyebilirsin? Şu soruları sorun:

Gerçek, erteliyor muyum?
Gerçek, burada bazı bilgileri mi kaçırıyorum?
Gerçek, bunu yapmak için doğru zaman mı?
[Bir kariyer düşünün ve sorun,] Gerçek, bu benim için doğru meslek seçeneği mi?
Gerçek, başka bir meslek benim için daha mı iyi? Gerçek, daha fazlasını yaratacak başka bir şey ortaya çıkacak mı?
Gerçek, farkında olabileceğim ama odaklanmadığım başka bir şey mi var?

Bir sonraki adımda ne yapacağınızdan emin değilseniz, aşağıdakileri sorun:

Bu aslında benim bakış açım mı?
Ya sevdiğim herhangi bir mesleği seçebilseydim?
Bu nasıl bir his olurdu? Neyi seçerdim?

Ya bu sorular daha net bir resim elde etmenize yardımcı olacak ya da kendinizi boşlukta kaybolmuş hissedeceksiniz. Bir sonraki hareket konusunda belirsiz hissediyorsanız, şunu gözlemleyin: Soru bir yanıta mı yol açıyor yoksa başka bir soru sormak için bir farkındalığı tetikliyor mu? Sorduğunuz her sorudan sonra, DURAKLAYIN. Bu sorunun enerjisinin bazı şeyleri canlandırmasını bekleyin ve bir sonraki sorunuzu ortaya çıkan enerjiye göre sorun.

Bir göletteki sakin suların, derinlerde yüzen balıkları hayranlıkla izlememizi sağladığını hiç fark ettiniz mi? Benzer şekilde, bu "duraklamalar" bize netlik sağlar, böylece gelecekte bize en büyük katkıyı sağlayacak olanı seçebiliriz. Pek çok kişiye bu tür ani değişiklikler başarısızlık gibi görünse de, bu durumun çok büyük bir yanlış tanımlanmasıdır. Bunlar genellikle en iyi seçeneğin seçildiği ve en büyük değişikliğin mümkün olduğu anlardır.

DEĞİŞİM İYİDİR

İşe yaramayan her şeyi değiştirme isteği, gerçek mutluluk ve başarının kaynağıdır. Bu, herhangi bir şeyi hemen değiştirmeniz gerektiği anlamına gelmez. Ayrıca hiç bir şey yapmanıza gerek yok. Sadece dönüşüm için enerjiyi ve potansiyeli kabul etmeye istekli olmalısınız. Size neyin daha fazlasını yaratacağını seçme gücü ve motivasyonu verecek olan sizin istekliliğinizdir.

Aralarından seçim yapabileceğiniz sınırsız sayıda kariyer yolunuz olduğunda enerjik olarak ne kadar hafif ve heyecan verici olduğunu fark ettiniz mi? Değişmeye isteksizseniz, yalnızca sınırlı realitenizden seçim yapabilirsiniz. *Her zaman ve her yerde, değişim korkusuyla düşüncenizi sınırladığınız her ne varsa, godzilyon kez,* şimdi *hepsini yıkıp yaratımını iptal eder misiniz, lütfen?* **Right and wrong, good and bad, POD and POC, all 9, shorts, boys, POVADs and beyonds.**

Bazen değişiklik istediğinizi düşünebilirsiniz, ancak gerçekte uyum sağlamayı tercih edersiniz. Değişimin ne getireceğinin sonucuna takılıp kalıyorsanız, sonucun belirli bir şekilde ortaya çıkması gerektiğine inanıyorsanız, bir yalanı yaşadığınızı bilin. Önceden belirlenmiş bir sonuçla değişim bir düzmecedir. Sonun nasıl olması gerektiğine dair sabit bir bakış açısına sahip olmadan, değişme isteğinin yolculuğunuzun temel yönlendiricisi olmasına izin vermiyorsanız, olduğunuz yerde kalmaya hazır olun.

Evrenden (sorular yoluyla) yeni bir realiteyi – örneğin daha fazla para veya iş kolaylığı – tezahür ettirmenize yardım etmesini istediğinizde, aldığınız cevaplar en yüksek iyiliğiniz içindir. Onlar, evrende mevcut olan kollektif bilincin bir doruk noktasıdır. Bu, alabildiğiniz ve alıp kabul etmeye gönüllü olduğunuz şeyler temelinde, evrenin şu anda sunduğu en iyisidir. Buradaki "arayışın" büyüklüğünü anlayabiliyor musunuz? Ancak tüm seçeneklere bakmaya gönüllü değilseniz, olasılıklarınızı zaten sınırlamışsınızdır. Bildiğiniz gibi, bu olasılığın hiçbir zaman kullanılması gerekmeyebilir, ancak bununla ilgili herhangi bir farkındalık veya bilgi de sizin için mevcut olmayacaktır. Kim bilir, gerçekten alıp kabul etmeyi arzu ettiğiniz kariyer değişikliğiyle ilgili bazı aldatıcı bilgiler, düşünmeyi bile reddettiğiniz bir fikrin içinde saklı olabilir. Herhangi bir şeyi dışlarsanız, görünüşte kara bir bulutun arkasında sizi bekleyen gökkuşağını asla alıp kabul edemeyebilirsiniz.

Her nerede daha hepsine etraflıca bakmadan önce *seçeneklerinizi sınırladığınız her yeri,* şimdi *hepsini godzilyon kez yıkıp yaratımını iptal eder misiniz, lütfen?* **Right and wrong, good and bad, POD and POC, all 9, shorts, boys, POVADs and beyonds.**

SİZİN İÇİN HAYATİ OLANI SEÇMEK

"Benim için neyin doğru olduğunu nasıl bilebilirim? Hangi mesleği seçeceğim?" Bunlar insanların bana sıkça sorduğu sorular. Onlara yanıtım karmaşık değil - sizin için en önemli olanı arayın. Senin için hayati olan nedir? Onsuz kendinizi eksik hissettiğiniz şey nedir? Örneğin, ben büyük bir konuşmacıyım, çevre benim için gerçekten önemli ve ısrarcı insanları gerçekten sevmiyorum. Ne zaman bir kariyer seçsem, bu faktörleri aklımda tuttum.

Soru sormaya devam edin. Arzularınızla ilgili "Ne kadar arzu etseniz de nasıl tezahür edecekler?" konusuna girmeyin. İster kurumsal dünyanın bir parçası olmaya ya da girişimci olmaya hevesli olun, kariyer oyunu için kurallar aynıdır. İlk olarak, sizin için neyin işe yaradığını bilin. İkincisi, sizin için işe yarayanı seçin. Üçüncüsü, sizin için işe yaramayan şeyi değiştirin.

Beğendiğiniz bir proje var mı? Bir projeyi hayata geçirmek için gerekli unsurlar nelerdir? Yeni bir proje oluşturabilecek bir Yaratıcıya ihtiyacınız var; bir Bağlayıcı — insanlarla konuşabilen, insanları işle ilgilendirebilen biri; ve aslında işi temelde gerçekleştirecek olan - bir Taşıyıcı. Kendinizi nerede buluyorsunuz? Ne yaparken iyisiniz (böyle olduğunuz için cezalandırılmış olsanız bile)? İçimizde bu üç yönün hepsine sahibiz, ancak içimizde diğer bölümleri gölgede bırakan baskın bir karakter var.

Bunlar kendinize sorabileceğiniz birkaç soru daha:

Benim beceri setim nedir?
Benim özgün *sihir markam nedir?*
Bunları herhangi bir projede nasıl kullanırım: yaratıcı-bağlayıcı taşıyıcı?
Benim için hayati olan şeylere *değinen bir kariyerde kendimi nasıl sunabilirim?*
Neyi çok *fazla yapmakla ya da yeterince olmamakla suçlandım?* (Örneğin, çocukluğunuzda konuşkan olduğunuz için her zaman azarlandıysanız, iyi bir konuşmacı olduğunuzu bilin. Bunun temel becerilerinizden biri olduğunu unutmayın.)

YÜKSELMEYE HAZIR OLUN

Gary en uzun süre boyunca, "Hayatta ilerlemek istiyorsan, insanların kafalarını aşmaya gönüllü olmalısın" derdi. Bu stratejiyi her düşündüğümde, ağır bir hisle çarpılmışımdır. Kendime kimsenin kafasına basmaya gönüllü olmadığımı söyleyip durdum. Boğuluyor olsam ve yüzen bir ölmüş bedenin üzerine basmak hayatta kalmak için tek şansım olsa bile, yine de bunu yapamazdım. Ve Gary'nin ifadesinin amacı buydu. Bunu yıllar sonra anladım. Ve yıllar demek istiyorum.

Bir şeyi yapmaya gönüllü olmadığın her yerde, onu yapmaya gönüllü olan insanların emrinde olacaksın.

Ve yine, sadece yapmaya gönüllü olmanız, bunu yapmak zorunda kalacağınız anlamına gelmez. Bu aslında, hayatınızın halihazırda sonuçtan işlediğiniz o noktasına dokunur ki orada siz; bir soru sormaya bile gönüllü değilsiniz çünkü asla ne yapmayacağınıza çoktan karar vermişsiniz. Neyi asla yapmayacağınıza karar verdiğinizde, o konunun etrafındaki enerjiyle bile oynayamazsınız. Yapmaya gönüllü olmadığınız bir şeyi yapmaya gönüllü biriyle oynayamaz, konuşamaz veya duyamazsınız. Sizi, hayatınızı, kariyerinizi ve mutluluk arayışınızı sınırlayan, yargılara girersiniz. Pek çok şeyi yapmaya gönüllü olmadığım bir dönem vardı. Yıllar geçtikçe biraz değiştim.

Kendiniz ve başkaları için daha fazlasını yaratıyor olsa bile, bunun kötü bir şey olduğuna karar verdiğiniz için yapmak istemediğiniz şey nedir? Boşanma gibi. İş değişikliği. Ya da meslek değişikliği bile. Bir arkadaşlığı bitirmek. Birine hayır demek. Önyargılı *fikirleriniz ve sabit yargılarınız yüzünden büyümenize katkıda bulunmayı bıraktığınız her yeri,* şimdi *hepsini godzilyon kez yıkıp yaratımını iptal eder misiniz, lütfen?* **Right and wrong, good and bad, POD and POC, all 9, shorts, boys, POVADs and beyonds**.

Her şeyi olmak, yapmak ve değiştirmeye gönüllü olmak, size hayata farklı bir yaklaşım kazandırır. Bir farkındalık alanından dünyaya adım attığınızda, insanlar sizden faydalanmazlar. Örneğin, ikinci bir dönem için bir gönüllü kuruluşun başkanlığına yeniden seçildiğimde, başlangıçta işler iyi gitti. Ancak daha sonra bırakmaya karar verdim. Düşüncelerimi ilgili profesyonellerle paylaşmama rağmen artık bana cevap vermiyorlardı. Belki de bu pozisyonu asla bırakmayacağımı düşündüler, bu yüzden endişelerimi ve önerilerimi hafife aldılar. Aylarca cevap almadan beklediğim için farklı bir enerjiye ihtiyaç olduğunu ve burada kalmamın ne bana ne de organizasyona daha fazlasını kazandırmadığını fark ettim. Onları istifa etmeyi düşündüğüm konusunda uyarmış olsaydım, beni başka türlü ikna etmeye çalışacaklarını ve yine devam etmeye niyetleri olmayan sözler vereceklerini biliyordum. Bunun yerine, acil bir yönetim kurulu toplantısı çağrısında bulundum ve tüm üyelere veda e-postamdaki gönder düğmesine basmadan saniyeler önce ayrılma kararımı bildirdim.

Kendiniz olmaya cesaret edin. Daima.

YENİ BİR BAŞLANGIÇ

Yeni bir işe başlamak, her girişimci için her zaman benzersiz bir yolculuktur. Çoğu insan kendi başına bir şeye başlama düşüncesiyle ürperir. İş yapmanın eğlenceli olmayabileceğini veya çok para kazanmayabileceklerini var sayıyorlar. Birkaç yıl önce, çalıştıktan ve başkalarının girişimlerini büyütmelerine yardımcı olduktan sonra, zamanımı ve enerjimi kendim için sihir yaratmaya ayırmanın zamanının geldiğine karar verdim.

Çok zengin deneyimlerim olduğunun farkındaydım. Onların tek özelliği çeşitlilik değildi, onlar aynı zamanda benzersizdiler. Bu, çoğu insanın fark etmediği ve kabul etmediği bir yönüdür. Her zaman benzersiz olduğunuzu bilin; bu nedenle hayattaki her şeye yaklaşımınız diğer insanlardan farklıdır. Bu faktöre para yatırın. Bu farkındalık başarının anahtarıdır.

Kendimden bahsetmişken, farklı ülkelerde, farklı dillerde ve farklı mesleklerde çalışmış, yaşamış ve sevmiş olmam, sihirdeki eşsiz markamı oluşturan unsurlardan biridir. Bu özellik beni son derece pazarlanabilir kılıyor.

Sizin hakkınızdaki niş olan şey nedir?
BSN'leriniz (benzersiz satış noktaları) nelerdir?

İş dünyasının genel kuralının – niş, hedef müşteri türü ve bir coğrafi bölge – farkında olarak, başarılı olmak isteseydim, hedef kariyerimi tek bir nişe hitap edecek şekilde daraltmak zorunda kalacağımı biliyordum. Ama bunu nasıl yapacaktım? Ve bunu neden yapayım? Bu modeli kullanarak kendi işime başlama düşüncesi bile kendimi daha küçük, daralmış, sınırlı hissettirdi. İşimi yaparken bu kadar yoğun enerjiler hissedecek olsaydım, o zaman geleneksel bir iş bulup çok para kazanmayı tercih ederdim.

Konuya daha fazla açıklık getirmek için daha fazla soru sormaya başladım. Evrene soru bombaladığım tüm o soruların enerjisiyle etkileşime girmeye başladım – *Hangi enerji, alan, bilinç ve seçim olabilirim ki bana sadece bu realiteden değil onun da* ötesine *geçen tüm zaman, alan ve realitelerden, bu realitenin* ötesinden *bir iş ve yaşam yaratmaya izin versin?*

Bunlar hayatım ve işim hakkında her gün sorduğum ve sormaya devam ettiğim türden sorular. Aldığım yanıtlar her zaman, hiçbir şeyi dışlamadan, olduğum her şey olmakla ilgilidir.

Farklı ülkelerde ve çevrimiçi olarak farklı dillerde eğitimler veriyorum ve çeşitli konularda konuşuyorum: iş, para, ilişki, beden, ırk, enerji, aile, güçlendirme, kadınlar, Dünya ve ben. Dünyayı dolaşırım. Dünyanın farklı yerlerinde arkadaşlarım var. Harika bir özel hayatım var. Bundan daha iyi nasıl olur? İnsanlar bana ne yaptığımı sorduklarında gururla şunu paylaşıyorum: "İnsanlara yeni düşünme ve varoluş biçimleri sunarak hayatlarını değiştiriyorum." Tek başına insanların kendi yaşamlarında daha iyi seçimler yapmasına yardımcı oluyorum. Hayatımda sihir yaratıyorum ve insanların benim yaptığımı ve varlığımı gözlemlemeleri, onlar için neyin en iyi olduğunu anlamalarına izin veriyor ve onlar da hayatlarında sihir yaratmaya başlıyorlar.

Bazen konferanslarıma birçok insan geliyor, bazen de çok az ama sayı oyunu artık beni vazgeçirmiyor. Gerçek benliğimi takip ettiğim sürece başarılıyım. Benim işim bir başarıdır. Hayatım, dünyada olmak ve alıp kabul etmek istediğim davet ve olasılık ile uyumludur.

Sezginize güveniyorsanız ve gerçekten seçebileceğiniz daha fazla olasılık açan sorular sormaya gönüllüyseniz, zaten başarı yolundasınız demektir. O zaman tüm dünyadan katkıları davet edebilir ve alıp kabul edebilirsiniz; evren sizi desteklemek için işbirliği yapacaktır.

BÖLÜM 6

HAYATIN AMACI MI, BİR AMAÇLA YAŞAMAK MI?

Hadi iki olasılığı ele alalım:

Seçenek 1: Diyelim ki, hayatınızın erken dönemlerinde, anne babanız gibi sizin de mühendis olmak istediğinize karar verdiniz. Başka bir kariyer seçeneği düşünmeye asla izin vermediniz. Bu konular üzerinde çalışmaktan nefret etseniz de, devam ettiniz. Genç bir yetişkin olarak artık bir mühendissiniz. Ama hepsi bu kadar. Sizi heyecanlandıran bir sosyal hayatınız yok. Hiç yakın arkadaşınız yok. Dünyanın nasıl çalıştığına dair hiçbir deneyiminiz yok. Artık hayatın derin sonuna attılar sizi ve boğuluyorsunuz.

Seçenek 2: Çocukken, diğerleri gibi, hedefleriniz her sınıfta değişmeye devam etti. Sonunda, sizi heyecanlandıran mesleklere çok dikkat etmeye başladınız. Akışla gittiniz ve kendilerini size sunmaya devam ettikleri için yeni olasılıkları keşfetmeye devam ettiniz. Bazı hamleler lehinize çalıştı, bazıları sizi birkaç adım geri aldı (ya da öyle görünüyordu). Deneyimleriniz ne olursa olsun, baştan sona yolculuktan keyif aldınız. Sonuçta, tüm bu deneyimler sizi bugün olduğunuz kişi yaptı.

Bu iki seçenekten size en yakın olanı hangisi?

Yaptığınız şeyi yapmaktan keyif aldığınız sürece, hayatta sabit bir amaç belirlemekte ve bunu başarmak için çalışmakta kesinlikle yanlış bir şey yoktur. Ancak, "*Cumartesi gecesi ateşinden*" daha çok "*Pazartesi hüznü*" ile uğraşıyorsanız, stratejinizi yeniden düşünmenin zamanı gelmiştir.

Sürekli yargıda yaşamak (hedeflerimden ne kadar uzakta veya yakınım); hayattan zevk almaktan ziyade hayatta kalmak veya sadece var olmakla ilgilidir.

Ardından, başarmak için yola çıktığınız şeyi başardığınızı varsayalım. Bu, yolun sonunun geldiğini mi gösteriyor? Hayatınızın geri kalanında, ne yapmayı ve başarmayı dört gözle bekleyeceksiniz? Bu, içinde kaybolabileceğiniz çok ağır bir enerjidir.

Hayatı bir amaçla yaşamak, yaptığınız şeyden her zaman zevk aldığınız anlamına gelir. Hayatı maksimumda yaşıyorsunuz demektir. Sürekli olarak bir yaratım alanında olduğunuzda, daima büyür, gelişir ve kendiniz ve başkaları için daha fazlasını üretirsiniz.

HAYAL DÜNYASINDA YAŞAMANIN ZARARI

Değişime açık olmak yerine, önceden hazırlanmış bir rüya dünyasına bağlı kalırsak, düşüncelerimizi bu uydurulmuş "gerçekliğe" uyacak şekilde manipüle ederiz. Kendimizi, ne olursa olsun, bir gün tezahür edeceklerine inanmaya zorluyoruz. Duyduklarımızı filtreleriz, inanmak istediğimiz şeye tutunuruz (aslında neyin gerçek olduğuna bakmaksızın). Hayatın bu yönü hakkında somut gerçeklerin farkında olsak bile, bunun eninde sonunda değişeceğine inanmak isteriz. Balon gerçekliğimizde yaşamayı seçiyoruz. Örneğin, birinin evli biriyle ilişkisi olduğunu ve bu gerçeğin bir gün değişeceğine inanmayı seçtiğini varsayalım. Kategorik olarak bunun asla olmayacağı söylenmesine rağmen, bu kişi gerçekten kaçmasına yardımcı olacak bir "gerçeklik" yaratmakta ısrarcıdır.

Değişime açıksak, başka bir bakış açısı görmeye istekliysek, çok daha fazlası bize açılıp kullanılabilir hale gelebilir. Örneğin, bu kişi, "Ya yeniden başlayabilseydim? Yeni bir sayfa açsaydım?" Diyebilseydi belki dinamik olarak farklı bir şey ortaya çıkabilirdi. Hayatlarını ve yaşamlarını asla hayal bile edemeyecekleri bir şekilde değiştirebilecek bir olasılık. Bütün bunlar, bireyin evrenin kendi yaşamına girmesine gerçekten izin verdiği ve sonuca bağlı olmadığı içindir.

Gary Douglas bir keresinde bana bir durum hakkında soru sormakta iyi olduğumu ve tamamen farklı bir bakış açısına açık olduğumu söylemişti. Farkındalığımın, bu sorunun sunduğu çok sayıda olasılık arasından en iyisini seçmeme nasıl yardımcı olduğundan bahsetti. Kendi rutinine takılıp kalmayı seven insanlar beni şeytanın avukatlığını yapmakla suçladılar. Kararlarını iltifat olarak aldığımı bilmiyorlar.

Hayal gücümü sınırlayan ne?
Hayal gücümün kavrayamadığı, benim yapabildiğim şey nedir? Yetenekli olduğumu bile bilmediğim neler yapabilirim?
Mümkün olduğunu bildiğim ama cesaret edemediğim ne yapabilirim?
Yapamıyormuş gibi davranıp neyi yapabiliyorum? Ya kendime izin verirsem, evrenim genişleyecek ve hayatıma daha fazla anlam katacak olan bir yeteneğim varsa?

Bir anlam ifade etmediği için bilmeyi reddettiğim şeyin *ne kadarını biliyorum? Bunu anlamlandırmak için bu kadar* çabalamasaydım, *aradığım ama alıp kabul etmeye gönüllü olmadığım netliği elde eder miydim? godzillion kez,* şimdi *hepsini yok ediyorum ve yaratımını iptal ediyorum. Hepsini* şimdi *godzilyon kez yıkıp yaratımını iptal ediyorum.* **Right and wrong, good and bad, POD and POC, all 9, shorts, boys, POVADs and beyonds**.

RİSKLİ BİR HAREKET

Sevgili bir arkadaşım, işi için telefon görüşmesi yapacak birini arıyordu. İş profiline hiç uymayan bir adamla tanıştı ama risk almaya istekliydi, bu yüzden yine de o adamı işe aldı. Çalışan diğer konularda parlak ve zekiydi, ancak telefonla arama yapmak onun işi değildi. İkisi ortak olana kadar çok sayıda projede birlikte çalıştılar. İşveren, Access Consciousness'ın kurucusu Gary Douglas ve genç adam, birlikte yaratıcısı Dr. Dain Heer'dir (ikisi ilk tanıştığında Dain bir kayropraktor idi). Bugün birlikte gelişen bir iş yürütüyorlar.

Riskli hamlelerden payıma düşeni yaptım. Bazıları karşılığını verdi. Bazıları vermedi ya da o zaman öyle görünüyordu. Ne de olsa bugün, yol boyunca yaptığım tüm seçimler nedeniyle uluslararası bir iş yürütüyorum - üniversite toplantımda beni şaşırtan bir keşif.

Mezun olduğum okuldaki son sınıf ile bir konuşma yapmam istendiğinde, başlangıçta neyi vurgulayacağımı merak ettim. Alışılmadık kariyer yolum düz bir merdivenden çok bir labirentti. Daha derin düşündükçe, her şeyi ve her şeyi idare etmekte iyi olduğumu fark ettim çünkü kendimi yeni ve alışılmamış bir olasılığı denemekten asla kısıtlamadım. Asla pes etmedim, asla vazgeçmedim, asla geri dönmedim. Her yolu keşfetmeye açıktım. Hayatta ilerlemeye devam etmek için gereken her şeyi yapmaya hazırdım.

Eve dönerken, kendi kendime düşündüm ki, uzun bir yoldan geldim. Asıl planım, iyi görünümlü, eğitimli kariyer sahibi olmak (ki bunu yaptım - ilk kocam), 2,5 çocuk sahibi olmak ve New York'ta üst orta sınıf bir hayat sürmekti. Çocuklarım iyi bir okula gidecekti. Aktif bir sosyal hayatımız olurdu, aile ve arkadaşlarla tatile giderdik. . . olağan şeyler. İtalya'da yaşamayı hiç planlamamıştım. Eski kocam ve ben Avrupa'da yaşamak hakkında tartışırken bile, bunu her yaptığımızda, olasılık daha da uzaklaşıyor gibiydi. Her zaman başka bir şey ortaya çıktı. Yine de buradayım - tüm seçimlerimin beni getirdiği yerden memnunum.

EYLEM ZAMANI

Buraya yirmi yıl önce taşındığımda bu kadar idealist değildim. Kaderlerimizi, zaferlerimizi, tuzaklarımızı, hayatlarımızı biz yaratırız. Çeşitli sektörlerde farklı kapasitelerde çalıştım. Tüm deneyimler – insanlarla etkileşim kurmak, yurtdışına seyahat etmek, etkinlikler düzenlemek vb. – oldukça zenginleştiriciydi. Eksik olan tek yön ruhsal doyumdu.

Bu düşünceyi evrene yaydıktan kısa bir süre sonra Spiritüel bir guru olan Deepak Chopra, Roma'ya geliyordu. Üniversite yıllarımda onun yazdığı birçok kitabı okumuştum. Farklı zihin-beden-ruh festivallerine gittiğim, ilham verici kitaplar okuduğum, kanallık yapan kişileri ziyaret ettiğim günlerdi. . . burada, bu Avrupa şehrinde, bunların çoğu yoktu.

Deepak'ın konferansına katılmak istedim ama atölye için ödeyecek param yoktu. Ben de kimseden borç almak istemedim. Başka ne mümkün diye sormaya devam ettim. Sonunda, olayları kontrol etmek için herhangi bir kapasitede katkıda bulunup bulunamayacağımı sormak için etkinlik organizatörünü aradım. Ne de olsa dört dil biliyordum ve konaklama sektöründe üst düzey görevlerde bulundum. Yapabileceğim bir şey olacağından emindim. Katkıda bulundum: Etkinlik resepsiyonunda katılımcılara yardımcı oldum. Dil becerilerim işe yaradı. Sonunda sınıfı yarı fiyatına aldım, ödeyebileceğim bir miktar. Bundan daha iyi nasıl olur?

PARA VE SPİRİTÜALİZM – SAĞLIKLI MI YOKSA ÖLÜMCÜL BİR BİLEŞİM Mİ?

Sosyal hizmet alanındaysak (yani, topluma katkı sağlayan bir şey yapıyorsak), finansal olarak ücret almamız gerekmediği (dünyanın hemen hemen her yerinde) standart bir inançtır. Katkımız için para almak, sunduğumuz hizmete hakaret olur. Bir şekilde bu gerçekçi olmazdı. Hizmetlerimiz için para almaktansa, açlıktan ölmek üzere olan bir sanatçı olmayı ya da yetersiz yaşamayı tercih ederiz. Hiç böyle hisseden biriyle tanıştınız mı, yoksa aynada gördüğünüz kişi mi?

Önemli *işler yapmak ve başkalarına bir katkı olmak konusunda, evrenden bir teşekkür olarak* şükran *ve bolluk almamıza izin vermeyen neyi bu kadar hayati hale getirdik? Bununla ilgili her* şeyi, şimdi *hepsini godzilyon kez yıkıp yaratımını iptal edelim, lütfen?* **Right and wrong, good and bad, POD and POC, all 9, shorts, boys, POVADs and beyonds.**

Yargıların yüzeyselliğinin ötesine bakın. Toplumun refahına katkıda bulunan bir iş yapıyorsak ve bunun için cömertçe ödeme alıyorsak, iyi bir maaş almak işimiz için bize daha fazla zaman ayırmaz ve topluma katkıda bulunmaya devam etmemizi daha da kolaylaştırmaz mı? Bu, biz de dahil olmak üzere süreçteki herkese yardımcı olmaz mı?

Tanrı'nın işi olan iyi işler yaparak karşılığında para almayı hak etmediğimiz yalanını nereden satın aldık? Bununla ilgili her şeyi, şimdi *hepsini godzilyon kez yıkıp yaratımını iptal edelim, lütfen?* **Right and wrong, good and bad, POD and POC, all 9, shorts, boys, POVADs and beyonds.**

GELECEK KORKUSU

Bir ırk olarak, daha iyi bir gelecek yaratmaya inanıyoruz. Bunun neresi yanlış, diye sorabilirsiniz. Bugün zengin bir servete sahip olduğumuza inanıyor ve daha fazlasını üretmek için çalışıyorsak, doğru oynuyoruz demektir. Ancak, şüpheci bir yerden hareket ediyorsak, bir korku öncülünden hareket ediyoruzdur. İnce bir şekilde geleceğimizin güvende olmayabileceğini gösterir, bu yüzden şimdi bu parayı kilitleyelim (yatırım adına). Kilitlemede akış yok. Seçim yok, özgürlük yok.

Ya paramızı yatırmaya gönüllüysek ve bu konuda sorular sormaya devam edersek? Sürekli üretip *yaratmak yerine geleceğimizi güvence altına almaya* çalıştığımız *her yeri,* şimdi *hepsini yıkıp yaratımını iptal edelim, lütfen?* **Right and wrong, good and bad, POD and POC, all 9, shorts, boys, POVADs and beyonds.**

Bize mal, hizmet veya pozisyon satmaya çalışanlar da dahil olmak üzere, bir başkasının umut ve hayallerine dayanarak bir ürün veya hizmet satın aldığımız veya bir işi kabul ettiğimiz her yeri, şimdi *hepsini godzilyon kez yıkıp yaratımını iptal edelim, lütfen?* **Right and wrong, good and bad, POD and POC, all 9, shorts, boys, POVADs and beyonds.**

Her zaman ve her yerde birine veya bir şeye yatırım yaptığımızda ve bunu kontrol ettiğimizde ve bir süre sonra, bakış açımızın hala yaratım üzerinden *mi yoksa kıtlık* üzerinden mi *olup olmadığından emin olmak için periyodik olarak tekrar kontrol etmeyi unuttuğumuz her noktayı,* şimdi *hepsini godzilyon kez yıkıp yaratımını iptal edelim lütfen?* **Right and wrong, good and bad, POD and POC, all 9, shorts, boys, POVADs and beyonds.**

Bazen durumumuza (kariyer, finansal yetenekler ve hünerler) onlara uğursuzluk getirme korkusuyla çok yakından bakmaktan korkarız. Sürekli olarak durumumuzu kontrol etmeye, başarıları kabul etmeye ve zorlukları incelemeye devam edersek, onu uğursuzlaştırabileceğimize veya azaltabileceğimize inanıyoruz. Ya sahip olduğumuz zenginlikleri kendimize itiraf etmekten korkuyorsak?

Her nerede gerçekliğimiz olarak korkuyu satın aldık ve bu nedenle daha iyi bir gerçeklik yaratmak istemiyoruz, şimdi *hepsini godzilyon kez yıkıp yaratımını iptal edelim, lütfen?* **Right and wrong, good and bad, POD and POC, all 9, shorts, boys, POVADs and beyonds.**

Herhangi bir durumla başa çıkmanın mükemmel yolu, onu farkındalığımızda canlı tutmak ve periyodik olarak enerjiyi kontrol etmektir. Bunu her yaptığımızda, orada bir değişim varsa, ne olduğunu da biliriz. O zaman daha fazla soru sorabilir ve gerekeni yapabiliriz. En önemlisi, sonuca yatırım yapmadığımız zamanlar en iyisidir. Hareket, esneklik ve farklı olasılıkların tamamen ortadan kaldırdığı şey, ya sev ya terk et gibi katı bir bakış açısıyla hareket ettiğimiz zamanlardır.

Ya bir anda hamlelerimi değiştirmeye istekliysem?
Ya her şey göründüğünün tersi ise ve hiçbir şey göründüğünün tersi değil ise?

Ya geleceğin nasıl olacağı ve işlerin nasıl gelişeceği konusunda programladığım, öngördüğüm, *beklediğim, karar verdiğim ve sonuca vardığım ve yargıladığım her yer artık doğru değilse? Herhangi bir sonuca kolaylıkla ulaşmama izin vermeyen her* şeyi, şimdi *hepsini godzilyon kez yıkıp yaratımını iptal ediyorum.* **Right and wrong, good and bad, POD and POC, all 9, shorts, boys, POVADs and beyonds.**

Hangi sınırlamayı kendimden daha değerli hale getirdim?
Hangi bakış açısını öyle hayati bir hale getirdim ki, onu değiştirip farklı bir şey seçmek yerine yok olmayı tercih ederim?

Gerçekten ihtiyacím olmayan neye ihtiyacım olduğuna karar verdim, ki bu ihtiyaç bakış açısını serbest bırakmaya gönüllü olsaydım, bana kendimin tamamını verirdi?
Aslında ona ihtiyacım yokken, kime ihtiyacım olduğuna karar verdim, kimin gitmesine izin vermeye gönüllü olsaydım, bana kendimin tamamını verirdi?

HAYATIN AMACI VEYA BİR AMAÇLA YAŞAMAK

İlk kariyerim otelcilik sektöründeydi. Bir sonraki durak eğlence endüstrisiydi - tiyatro, müzik, film ve televizyon. 1996'dan 2007'ye kadar film festivalleri düzenlemekle olan ilişkim beni meşgul etti. Daha sonra Dışişleri Bakanlığı tarafından yürütülen yeni bir televizyon film festivaline katıldım. 2000 yılında Sister Smile adlı bir İtalyan filmi çektim. Birkaç film festivalinde, bir dizi kısa filmde ve kamu hizmeti duyurularında sunuldu. Bunlardan biri Birleşmiş Milletler'de Kofi Annan tarafından sunuldu. Bundan daha iyi nasıl olur?

Hatta birkaç popüler müzik videosunda oyuncu olarak göründüm. Onlar popüler İtalyan ve Amerikan şarkı gruplarıydı. İtalyada Athena Was Black olarak adlandırıldı ve Amerikan şarkısının adı Aquarius, arkadaşım Karen Jones tarafından yapıldı.

Şubat 2005'te arkadaşım Karen beni Access Consciousness ile tanıştırdığında hayat daha da güzelleşti. O zamandan beri, bu "yaşam tarzı" ile yakından ilişkiliyim.

Kusursuz İletişim için 7adım adlı bir kitap yazdım. Şimdiden yirmi dile çevrildi bile! Kitap dünya çapında çok iyi karşılandığı için, yararlanabileceğim başka birçok olasılık olduğunun farkındayım. Kitabıma dayalı olarak iş eğitimi ve özel kurslar veriyorum. Hem Access Consciousness hem de *Kusursuz İletişim için 7adım* eğitimleriyle dünyayı dolaşıyorum. Covid pandemisi sırasında, sadece iki ay içinde canlı işletmemi çevrimiçi bir işletmeye dönüştürdüm ve bu değişim zamanlarında insanlara online olarak kolayca eşlik edebilmek için yeni bir koçluk programı başlattım: 3 ADIM Yolculuğu, İleriye Adım At, Süreci Hızlandır, Görünür Ol, hayata ve yaşama bütüncül yaklaşım. Ve şimdi başka neler mümkün?

Bunların herhangi birini planlamış mıydım? Aslında hayır. Bu meslekler devam ederken değişmeyen iki şey vardı, herhangi bir geleneksel iş yapmak konusunda hiçbir çekincem yoktu. Üniversite yıllarımda garsonluk bile yaptım. (Bu mesleğe tamamen saygı duyuyorum, çünkü çok zor bir iş. Ve çok çalıştım.) İkincisi, her deneyimin sunduğu zenginliklerin tadını çıkarmaya her zaman istekliydim. Mücadele ettiğim, bocaladığım, başarısız olduğum çok zamanlar oldu. . . ama devam etmemi sağlayan şey, daha az seçilen yolu seçmek anlamına gelse bile, benim için gerçek ve doğru olanın enerjisini takip etmekti. Başka türlüsünü ister miydim? Hayır. Hiçbir şey hayatı tam olarak yaşamanın heyecanının önüne geçemez.

Benim gibi, muhtemelen siz de zengin deneyimler yaşadınız. Siz de uzun bir yoldan geldiniz bebeğim. O yollardan geçtiniz, aynısını siz de yaptınız. Yolculuk nasıl olursa olsun, her zaman yeni bir bakış açısı seçebilir, adımınızı değiştirebilir ve kendiniz için yeni bir realite yaratabilirsiniz. Benim için hayat, her anın güzelliğinin farkına varmaktır. Değişim olduğunda orada ve mevcut kalmak ve gelgitlere istekli olmak. Müziği beğenmediyseniz, kanal ayarını değiştirin.

Sizin işinize yarayan ritmi bulun ve hayatınızın zenginlikleriyle dans etmenin tadını çıkarın.

Geleceğe baktığınızda, hayatınızın nasıl olmasını istersiniz? Kendiniz için en tatmin edici hayatı yaratmanızı engelleyen her ne varsa hepsini, şimdi *godzilyon kez yıkıp yaratımını iptal eder misiniz, lütfen?* **Right and wrong, good and bad, POD and POC, all 9, shorts, boys, POVADs and beyonds.**

Güç seninle olsun.

KASS THOMAS HAKKINDA DAHA FAZLA BİLGİ

Merhaba,

İşte düzenli olarak online ve dünya çapında yürüttüğüm eğitimlerin ve atölyelerin bir listesi.

Bu sınıfların çoğu online olarak da mevcuttur, bu yüzden nelerin yeni olduğunu ve başka nelerin mümkün olduğunu görmek için lütfen benimle iletişime geçin. Daha fazla bilgi için web sitemden veya info@kassthomas.com adresinden bana yazın. Yakında bir yerlerde sizinle bağlantı kurmak dileğiyle.

Kusursuz İletişim **için 7adım**
7adım İntro (2 saatlik intro)
7adım Prelüd (1 günlük sınıf)
7adım Patlama (2 günlük atölye)
7adım Bolluk (2 günlük atölye)

Zenginliklerle Dans
Zenginliklerle Dans İntro (2 saatlik intro)
Zenginliklerle Dans Atölyesi (2 günlük atölye)

Access Consciousness Eğitimleri
Access Bars (1 günlük eğitim)
Access Foundation Sınıfı (3,5 günlük eğitim)
Access Enerjetik Facelift Sınıfı (1 günlük eğitim)
Access 3 Günlük Beden Sınıfı (3 günlük eğitim)
Kendi İletişim **Dehanıza Erişin Sınıfı (1 günlük eğitim)**

3 ADIM Yolculuğu
İleriye Adım At, Süreci Hızlandır, Görünür Ol
(3 aylık, 6 aylık, and 1 yıllık Programlar)

Yukarıdakilerden herhangi biri hakkında daha fazla bilgi için lütfen aşağıdaki e-posta adresine yazın
info@kassthomas.com.

Ya da aşağıdaki web sitelerini ziyaret edin
www.kassthomas.com www.7steps.us
www.accessconsciousness.com/kassthomas
www.3STEPS.us